DAVID DICKSON

長 老
そのつとめと実践
The Elder and His Works

デヴィッド・ディクソン
ジョージ・K・マクファーランド＋フィリップ・G・ライケン◆編
石田静江＋原田浩司◆訳

一麦出版社

The Elder and His Works

by

David Dickson, 1821 – 1885

ed. by

George Kennedy McFarland and Philip Graham Ryken

tr. by

Shizue Ishida and Koji Harada

P&R Publishing

©2004

Ichibaku Shuppansha Publishing Co., Ltd.

Sapporo Japan

©2018

Soli Deo Gloria

∞ 目　　次 ∞

はじめに（2004 年版）　　*9*

1. 長老職の重要性 …………………………………… *25*

2. 長老の資質 ………………………………………… *33*

3. 長老の職責 ………………………………………… *41*

4. 担当地域での長老 ………………………………… *47*

5. 長老による通常の訪問 …………………………… *55*

6. 長老による病者訪問 ……………………………… *65*

7. 家庭礼拝，若者，求道者，使用人 ……………… *73*

8. 良い働きのための個別事例 ……………………… *89*

9. 戒規の諸事例 ……………………………………… *103*

10. 教会員たちに対する良い働きへの励行 ………… *109*

11. 教会員同士の交流 ……………………………… *117*

12. 牧師や長老会との長老の関係性 …………………… *123*

13. いくつかの出来事 ── 励ましや落胆 ── …………… *133*

訳者あとがき *145*

献呈の辞

第十長老教会の過去，現在，未来の
宣教長老たちと治会長老たちへ

そして

わたしたちの魂の牧者であり，
監督者（長老）であられるイエス・キリストへ

監督の職を求める人がいれば，その人は良い仕事を望んでいる．
テモテへの手紙一３章１節

あなたがたに委ねられている，神の羊の群れを牧しなさい．
強制されてではなく，神に従って，自ら進んで世話をしなさい．
ペトロの手紙一５章２節

長老

The Elder and His Works

はじめに

　本書を編集したわたしたち二人は，ペンシルベニア州フィラデルフィア市にある第十長老教会（PCA）で，一人は治会長老，もう一人は宣教長老として仕えてきました．

　教会の働き手として神から召されたその長老の働きについて，とても困難を覚えるつとめではありながらも，最も楽しいことは何ですか，と尋ねられることがあります．たいていの場合，このような質問を寄せる人たちは，わたしたちが取り組む牧会的な働きはとても過酷である，と考えているようです．時には，（治会長老には金銭的な報酬がないのにもかかわらず）見るからに際限がなさそうなその重責にどうして耐えられるのか，と不思議がられます．

　わたしたちはこうした質問に対し，イエス・キリストの教会に長老としてお仕えすることは，わたしたちに与えられた最も高貴な召しであり，最も貴重な働きなのです，と答えます．わたしたちの特別な楽しみは，神によって召された宣教長老や治会長老たちと，同じ召命のもとに他に類のない豊かな交わりが与えられることです．わたしたちは「長老」という「聖なる兄弟姉妹の交わり」に加えられます．もちろん，わたしたちのつとめには難しい局面や疲労困憊するさまざまな職責があり，時にはなぜこれほどまでのつとめに任命されるのか，と煩悶したくなることもあります．それでも，聖書が語ることは真実であり，長老の働きは「良い仕事」（テモテへの手紙一3：1）であると，わたしたちは確信します．

　その「良い仕事」である長老のつとめについてつまびらかにすることが本書の主題です．本書はとても簡潔で，特に長老の個人的な資質や実践的

な職責について述べられている書物としては，非常に行き届いた手引きとなります．デヴィッド・ディクソンの『長老——そのつとめと実践（原題：*The Elder and His Works*）』は，もともとスコットランドで出版され，スコットランドではすでに第12刷以上も出版されてきました．1883年にアメリカのフィラデルフィアで初版が刊行されてからも，長老主義の伝統の拠り所として何度も版を重ねてきました．今回刊行する本書は，1990年にプレスビテリアン・ヘリテージ・ソサイエティから刊行された，旧いスコットランド版とアメリカ版とを共に照らし合わせた改訂版が原本となっています．この版では，聖書の引用を今日採用されている翻訳と綴りに置き換え，さらには現代的な視点からの註を加えたうえ，個人でもグループでも学びやすくするために，各章の終わりにテーマに即したいくつかの設問を付記しました．

　『長老——そのつとめと実践』は長老の研鑽にとても有益な書物です．実際，わたしたちは二人とも，長老として任職される前に本書に導かれたかったという思いを共有する者同士であり，本書は，これから長老に任職される人たちに役立つだけでなく，すでに宣教長老や治会長老に任職されている人たち，またその長老の伴侶の方たちにも，長老職とは何かを理解する上で，とても役に立ちます．本書には長老たちにとって不変で意義深い真実が数多く含まれています．たとえば，効果的な霊的配慮に不可欠な清廉さや共感力，また会衆をよく理解し，愛することの決定的な重要性，実際に牧会の働きに取り組むうえで聖霊なる神に真剣に委ねることの必要性，などです．また同時に，本書は牧会的に常に困難な問題が何かを長老たちに教えてくれます．たとえば，それぞれの家庭の事情やそれぞれが職業として従事する仕事と教会での働きとのバランスをうまく保つことや，信仰上の事柄について人と語り合うこと，教会の中に生じるさまざまな問題にどう対処していけばよいのか，キリスト者たちが奉仕に積極的に参加していけるように促すこと，などです．

　ディクソンのアプローチの方法は徹底して聖書的であり，実践的です．

彼が提示する基本方針は明らかに新約聖書から導かれたもので，特に使徒
パウロがテモテに書き送った手紙から多くのことを学び取っています．さ
らに，ディクソンは本書で提示した基本方針を，19世紀のスコットラン
ドでどのように適用したのかも本書に記しています．長老はキリスト者の
群れの羊飼いであり，神の言葉の探求者である――すなわち「キリスト
者の生活」という恵みに満ちた訓練の中で育まれるひとりの人間である
――とディクソンは言います．長老の仕事に関する彼の記述は生々しく，
読者の興味を惹きつけます．しかも，実践的な助言を提供し，イエス・キ
リストの教会に仕える僕として長老に召されることの大切さと尊さを伝え
てくれます．

　ディクソンが本書で提示する実践的なアプローチは，世俗の多種多様な
文化的価値観が絶え間なく教会生活を浸食し続ける現在の教会においてこ
そ，緊急に必要とされるものです．本書『長老――そのつとめと実践』は，
世俗の大海原に飲み込まれてしまいそうなわたしたちに，聖書という港に
帰るよう導く灯台の光です．そして教会において適切な指導力を発揮する
ことができるように，聖書的な模範を明らかにします．ですから，本書は
同時に，世俗化という劇薬に対する解毒剤としての効果を発揮します．世
俗的な反権威主義に対し，または哲学的な相対主義に対し，はたまたわた
したちの日々における独りよがりのナルシシズムに対し，ディクソンは反
立命題（アンチ・テーゼ）を提示し，断固たる信念と強靭な精神力で，し
かも自分のためではなく神御自身の御旨に従う長老として，聖書的な筋道
を示してくれます．聖書という揺ぎない土台を基として，神御自身が教会
において霊的権威をお定めになり，特に長老たちの複数性によってそうし
ておられる，と彼は主張しています．神御自身の真理を全世界に保持し，
促進していくために，また，イエス・キリストの慈しみと恵みによって，
霊的な必要を分かち合い，自分自身のためではなく隣人のためにも生きて
いくという，そのような勇敢な思いで一致する人々を神御自身が教会にお
与えくださっています．

デヴィッド・ディクソン——彼が生きた時代背景

　デヴィッド・ディクソンはすべての点で模範的な長老でした．彼は，伝統的に長老主義の故郷でもあるスコットランドで生まれ育ちました．なお，「長老主義」とは，いわば，長老たちの親密な交わりによる霊的統治のことです．

　詳述しますと，ディクソンは1821年にエジンバラで生まれました．彼は十代の頃から父親が営む工具の卸売商を手伝いはじめ，勤勉で，周囲からの信頼も厚く，そうして実績を上げていき，頭角を顕しました．31歳までには，彼はひとかどの人物としての評判が高まり，市議会議員に選出されると，ほどなくして財務委員長となりエジンバラにとって不可欠な人物となりました．その後，ディクソンは専門的なギルドの一つである商業組合の会長になりました．また，彼は，エジンバラ学校連盟が組織された際に，その最初のメンバーの一人になりました．1885年に彼が亡くなった際には，エジンバラ市中の多くの学校の教師たちのために取り組んださまざまな功績が認められて顕彰されました．

　ディクソンは常に教会への気配りを怠ったことはなく，教会におけるキリストの忠実な僕として仕え続けました．彼は若干30歳でニュー・ノース自由教会で長老の一人として按手を受け，その後33年もの間，長老会の一員としてたゆみなく仕え続けました．彼が書き残した文書には，教会員の動向に関する詳細な記録や，長老会の霊的なつとめの実践に関する記述なども残っています．しかし，彼がいつも真剣に情熱を注いだのは教会員の魂への配慮であり，まさにこの点において彼は非常に卓越した長老でした．

　長老としての任職期間中，ディクソンは定期的にパリッシュ（教会区域）の教会員と関わり続け，毎週日曜日の午後に彼らの家を訪問していました．慰めの言葉をかけ，聖書の言葉を短く読み上げ，神の助けを祈り，こうし

て，ディクソンは献身的な一人の友として，また深い配慮に満ちた一人の
キリスト者紳士として，エジンバラ中に知れ渡るようになりました．自ら
を省みない彼の無欲さ，温厚さ，思慮深さ，彼が所属する教会の人たちに
対する責任感の強さから，彼の生涯がまさに教会人としての生涯だったこ
とを強く印象付けました．19世紀のある伝記作家は，素晴らしい一人の
長老として，デヴィッド・ディクソンを次のように評しています．

　　長老会における彼の温厚な人柄，際立つ善良さ，高い良識，つとめに
　対する熟達さ，そして教会の法規と実践の熟知ゆえに，彼は模範的な書
　記長老となりました．
　　しかし，長老としての彼の真価が最も際立っていたのは，他でもなく，
　彼が常に教会員と親しく交流し，とりわけ彼のパリッシュに住む教会
　員たちへの配慮を常に怠らなかった点でした．彼にはいつでも教会の
　新来会者を温かく迎え入れる備えがあり，その日ニュー・ノース自由
　教会にふらりと立ち寄ったと思われる見知らぬ人に対してもすすんで
　親切な言葉をかけました．主日に行われる朝と夕の二度の礼拝には，
　彼は必ずどちらにも出席する一員に数えられていましたし，週日に実
　施される祈祷会に参加する人たちは皆，彼の祈りが，純真で，実直で，
　しかも情熱的だったことを，いつまでも印象深く覚えていることでしょ
　う．
　　彼が特別に配慮するパリッシュ内に暮らしているいくつもの家庭に
　とって，彼は良き友であり，また良き父親役でもありました．彼はいく
　つもの家庭を定期的に頻繁に訪れました．訪問での滞在がごく短時間
　だった場合でも，決して形式的なものではありませんでした．少なくと
　も，そこではいつも，優しい励ましや賢明な助言の言葉や，おそらく核
　心をつく効果的な逸話などが交わされたことでしょう．彼は，非常に多
　忙な生活に対処するプレッシャーを抱えながらも，驚異的なまでに自身
　の若い頃の活発さを保ちながら，特に子どもたちの面倒をよくみました．
　その当然の結果，彼は青年たちからも大いに好かれ，しかも，彼は青年
　たちに多大な感化を及ぼしました．それは彼がいつも自分の主であり君
　であられるお方（神）の思いに傾注していたからこそでした．彼は共感
　力を具えた非常に優しい人物でした．そのため，彼は病む人たちのもと
　を頻繁に訪問しては，歓迎されました．こうして，彼が入ってくるとま

るで暗い部屋に太陽の輝きをきらめかせるようで，まさに本当に明朗で幸せを運ぶキリスト者でした．

　こうしたディクソン氏について細かに描写する評伝以外に，彼が生きていた当時の時代状況も十分に考慮されなければなりません．18世紀半ばのイングランドの織物工場では，産業革命が早い時期からすでに始まっていました．それから100年後のブリテン島全土の主要な都市部では，産業化が一気に広がりました．工場で多くの労働者が必要となり，都市部に家族ごと移住するようになりました．農業や製造業における大量生産の技術化によって，少人数で食糧の供給が可能となり，都市部への移住に拍車がかかりました．19世紀全体を通じてブリテン島全体の諸都市は急激に成長し，10年たらずで都市人口が2倍に膨れ上がることもしばしば起きました．しかし，産業化によって都市部に流入した多くの人々が職を得られずにいたことも事実でした．住宅も水道も，下水道も電気も乏しい状態でした．かつての産業革命前のイギリスでは経験したことのない規模で，売春，貧困，強盗，犯罪，高利貸が都市部ではびこるようになりました．

　デヴィッド・ディクソンが教会の一長老としてキリストにお仕えしたのは，まさにこのような環境下でした．彼の周囲にはとても多くの困窮者たちがおり，一日に10〜12時間の通常勤務をこなしながらも，彼は自分が暮らす市街地での牧会を怠りませんでした．彼は，自らの長老としての活動を，自分の第二の召命——つまり，自分の生涯の働きの主要部分——とみなしていました．結果として，長老としての彼の実践的な経験が『長老——そのつとめと実践』の執筆へと彼を促しました．こうして本書は，治会長老たちが果たすべき職責を浮かび上がらせ，またそれを果たすべく彼らに備えをさせる招集令状となりました．それぞれの教会で長老たちが困窮者たちに対応できずにいる様子を，ディクソンが目の当たりにしていたことは間違いありません．彼は——過去と現在の——同僚の長老たちが，自分たちが果たすと誓約した働きの本質を理解するのに役立てるため

に，自分の経験を詳しく物語っています．

長老の働き

　長老の働きを詳述するうえで，ディクソンは，総論から各論へと筆を進めていきます．本書の前半部では，長老職の重要性や適性，責務などを記し，後半部では，これらの責務がどう果たされるべきかを説明します．全体を通じて，ディクソンは長老たちに，すぐに役立つ長老のつとめの手引書を提供してくれています．彼の最大の関心は，同僚である治会長老たちが，敬虔にかつ組織的に，自らのつとめを実践するようになることでした．彼と同時代のある人がうまく言い表しているとおり，彼は同僚の長老たちが「物事に付きまとう困難に関わり合う」のを手伝おうとしました．

　聖書は長老たちに大まかなガイドラインを提供してはくれますが，そのつとめと職責をことごとく指示してはくれません．その働きは，ある意味では無規定のままですから，各個教会の一長老としての自らの生き方の中で具現化していく必要があります．ディクソンが述べているように，「長老のために予め規定され，了解されている計画表などはありません」．長老たちが自分の仕事をするために，その週，その日，その時，その時間が定まっているわけではありません．むしろ，「時が良くても悪くても」（テモテへの手紙二，4：2）長老は心積もりをし，主の御業のために自分のスケジュールをやりくりしていかなければなりません．きちんとした長老教会の組織は不可欠です．霊的な働きは牧師だけに任せておけばよいというものではありません．そうではなく，治会長老は牧師と共に，神の羊の群れの羊飼いとして仕えるよう委任されています．自らに託された地域で善き業を行う長老は，神に栄光を帰すとともに，その民への祝福となります．

　長老の第一義的なつとめは霊的なものです．それは18世紀の福音伝道者ジョージ・ホウィットフィールドについて言われていることですが，彼は自分がキリスト者であることが自らの第一のつとめであると理解しまし

た．これが，どの宣教長老であれ，どの治会長老であれ，同様に第一のつとめです．聖書を読み，黙想し，そして祈ることをとおして，長老はキリストと自分自身の関係を育まなければなりません．もし長老が既婚者ならば，さらに，家庭礼拝を導き，自己犠牲的な愛をもって自分の伴侶をいたわり，自分の子どもたちを忍耐強く愛情をもって育てることにより，自分の家族を養わなければなりません．その上，長老は教理的にも健全でなければなりません．そのためにも，聖書を読み，学び，黙想し，また神学書を体系的に読むことにより，自分の神学的な鋭敏さを向上させなければなりません．そのようにして自分が教わったことが神の言葉に忠実であるのかを長老は吟味しなければなりません．それだけでなく，長老は自分が学んだことを実践しなければなりません．宣教長老は，自らが語った説教を写し鏡にして覗き込まなければなりません．治会長老の生活は，自分たちが聴いた説教を反映しなければなりません．良い長老は，絶えず自らの救い主のイメージへと成長していきます．

　長老の貴いつとめは他者に仕えることを要請します．ディクソンの場合，このことは，地理的に明確な一つのパリッシュ内で暮らす人たちのために自分の職責を果たすことを意味しました．定期的な訪問を継続することで，彼は非常に多様な霊的な渇望と向き合うことができました．パリッシュ内で暮らすある人たちは励ましの言葉を必要とし，他の人たちは訓戒や叱責の言葉を必要としました．子どもたちはカテキズム教育を受ける必要がありました．新たに信仰を持った人たちは，キリスト教信仰において訓練される必要がありました．そして，すべての人が「祈りへと駆り立てられる」必要がありました．毎日曜日の午後を定期的な訪問の機会としたのに加えて，ディクソンは，未亡人や孤児たち，貧しい人たちや病気の人たち，また死に向かう人たちのもとを，任意に訪問しました．彼の広範にわたる訪問の経験に基づいて，彼は，長老の会話とは，兎にも角にも神の言葉に集中していなければならない，と助言します．当然ながら，他の日常的な会話も臨機応変に交わされますが，長老はいつでも，自分が神の民とまさに

出会っているということを自覚していなければなりません.

長老のつとめについてのディクソンの解説は,そこから更なる話し合いと熟考によって,さらに役立てられるいくつものポイントがあります.たとえば,牧会的な働きできわめて重要で永久的な要点である教会規律についての議論には,彼はほんの数頁しか割いていません.産業化した都市で成長し続ける教会は,厳格な教会規律を守る必要はない,と彼が思っていたとは到底考えられませんが,おそらく彼はそれを書いたときには,僅かな実例しか持ち合わせていなかったものと思われます.いずれにせよ,この本の読者たちが,個別的な教会規律の執行をめぐっても,個々の対象者を後に交わりに復帰させるための実践的な手段についても,多くのことを知るのに役立つでしょう.ディクソンの牧会訪問の実際の取り組みについてたくさんのことを知ることも役に立つでしょう.彼はどのように自らのつとめへの抵抗に対処したのでしょう? 彼はさまざまな霊的な必要性に応じて聖書のどの箇所を適用したのでしょう? 間違いなく,ディクソンはこうした話題や他のたくさんの話題について語れるたくさんの事例を持ち合わせていました.しかし,本書の長所はその簡潔さであり,そしてわたしたちは,ディクソンが『長老 —— そのつとめと実践』で教会に残してくれた豊富な事例に感謝するに違いありません.

『長老 —— そのつとめと実践』を 21 世紀に適用する

ディクソンが訴えるとおり,長老会におけるこの類いの必要性は緊急課題です.今日の脆弱化した長老会の状態にあって,傷ついた魂を癒すその術を伴う思いやりや,健全な教理を擁護する勇気と知恵を具えた敬虔な人物を,教会は切望しています.同時に,当世の文化的な猛烈な風圧が長老たちにのしかかり,自らの義務を怠らせようとさせます.教会においてでさえ,多くの人たちは他の誰かが自分たちの生活に介入してくることを望みません.しかし,もし神がご自分の教会に求めていることをわたしたち

が理解すれば，一世紀以上も前にデヴィッド・ディクソンが語った言葉，「わたしたちは，キリストの教会に新しい仕組みを一切必要としません．すべては長老制度においてもうすでにわたしたちに提供されているのです」と，わたしたちは今日においても言うでしょう．

　19世紀に適用された聖書の原理が，21世紀の要請にも，いつでも適合するわけにはいきません．そこで，どうすれば『長老——そのつとめと実践』を最善に用いることができるでしょう？　第一に，本書は，長老の働きが霊的なつとめであることを，わたしたちに思い起こさせます．長老職はいわゆる「名誉職」ではありません．そうではなく，それは霊的な働き手になりなさい，との召しなのです．その仕事は，犠牲と忍耐と献身，そして時にはキリストのために苦しみを受けることすら要請します．その仕事は，神の言葉を学び，黙想すること，また，人々の言うことや彼らが抱える諸問題に耳を傾けること，そして神の民を教導し，訓練することなどにかなりの時間を要求します．キリスト者たちが直面する諸問題の大半には，即効的な解決策などありません．ですから，長老のつとめは「命令に命令」，「規則に規則」（イザヤ書28章10節）を続けます．こうした局面において，長老の働きは19世紀以降も，あるいは実に紀元1世紀以来，何も変わってはいません．長老たちは今日もなお人々の魂に配慮するために召されているのです．

　第二に，ディクソンの手引きは，ひとりの長老が神に仕えることに自らの命を注ぐ，多くの実践的な方法を示唆します．それらがいつでも直接的に効果があるわけではないとしても，彼の考え方は21世紀の文脈に合わせてすぐに適用できます．たとえば，ディクソンは教会員宅への個別訪問を提唱します．彼が言おうとしているのは，この目的を果たす最善の手段は，日曜日の午後の時間を使って，パリッシュで在宅中の家庭を訪問することです．このことは，いくつかの共同体では今日でも実践できることです．しかし，家庭訪問は多くの教会では，たとえ実行できても，当然ながら歓迎されないかもしれません．しかも，家庭訪問をすれば人格的な接触

がいつでも果たせるとは限りません．最も重要なのは直接的なコミュニケーションです．今日，何らかの霊的な配慮は，Ｅメールや電話でも，あるいはコーヒーを飲みながらでも，実行できます．今日における長老たちに共通する誤りは，彼らが誤った手段を用いていることではなく，寧ろ，彼らが（人格的に）接触することがまったくできていない点にあります．

ディクソンはさらに，祈りに励むことを長老たちに思い起こさせます．長老は，自分自身のため，自分の家族のため，そして自らが属する共同体のために祈るべきですし，長老はそのための決まった祈りの時間を確保する必要があります．長老はさらに，忘れてしまわぬよう祈りの日記を書き留めながら，自身の羊の群れの中の一匹の羊のために，また牧師のためにも，祈るべきです．長老たちはさらに，他の人たちにも祈るようにと奨励すべきです．ある長老教会の牧師が，最近自分は家庭訪問からは僅かな実りしか得られなかった，と報告しました．日程や時間の調整の煩わしさや，人々の気忙しい生活が，訪問の霊的有効性を損なうこともしばしばです．訪問する代わりに，彼は火曜日と木曜日の早朝に，祈りのために教会を解放しました．長老たちは，善意をもって対応すべきことや，教会の教務，またその教会の会衆から個人的に求められていることを祈るために集いました．場合によっては，長老たちが祈るために集っているのを知っている教会員たちは，この時間に合わせて教会に電話をかけて依頼することもありました．特別に，そうした祈りの時間が国内または世界中の祈祷日に当たると，より広範な関心事に思いを馳せて，教会員が祈りの集いに加わりました．

要するに，長老は，教会員と共に祈り，教会員のために祈る，祈りの人でなければなりません．パリッシュの人から祈りの依頼がある時はいつでも——電話越しでも，パソコンの画面の上でも，礼拝後の交わりの時間の間でも，いつでもどこでも，求められれば——長老たちはただちに祈り始めるべきです．わたしたちは21世紀において，デヴィッド・ディクソンも全く想像できなかったであろうＥメールやSNSなどのコミュニ

ケーション手段をもっています．そして，これらはしばしば牧会に有益です．しかしながら，人間の交わりの温かみに満ちた，個人と個人との直接的な面会の代わりになるものは未だにありません．可能な限りいつでも，長老たちは教会員と会い，そして教会員のために自ら祈るべきです．

　祈りは，もちろん重要ですが，長老たちにとって，それが神の羊の群れを牧会する唯一の手段ではありません．神の民に対する牧会的な関心に的を絞るためには，霊的な配慮のためによく整備された組織が必要とされます．ディクソンが対象としたのは自分の担当の地域であり，はっきりと限定された市井の隣人です．しかし，大事なことは，長老たちが各自の義務を明確に規定していることです．ある長老たちには霊的な配慮のための特別な賜物があり，対人的な働きをすることに自分たちの時間を費やすべきです．他の長老たちにはリーダーシップのための霊的な賜物があり，宣教や，慈悲のつとめ，学生への働き，あるいはその他の場面で，自分たちのエネルギーを注ぐべきです．ディクソンが述べているように，ある長老たちは「地域のためでなく，それ以外の職責に任命されて」いなければなりません．

　これらの原理を今日に適用する手段はいくつもあります．一つの典型例はわたしたちが第十長老教会で採用しているパリッシュのシステムです．第十長老教会はフィラデルフィア市の中心部にありますが，教会員はこの市民だけでなくニュー・ジャージーやデラウェア州，それにフィラデルフィアの郊外に広がる地域など居住域は広範に及びます．わたしたちの教会の長老たちの何人かは「教会設立委員会」や「家族委員会」，「伝道委員会」や，その他の牧会に関する教会的な組織のもとでリーダーシップを発揮しています．それに対し，他の長老たちは市内の各地区に住む教会員たちに本来の霊的な責務を担っています．こうした「パリッシュ担当長老」（わたしたちはそう呼んでいる）は 6 つのパリッシュ会議を監督します．それぞれのパリッシュ会議は，そのパリッシュ担当長老に加え，そのパリッシュ内に住む他の現任の長老たちや退任した長老たち，それに男性執事たちや

（按手は受けていない）女性執事たち，さらに聖書研究会の責任者によって構成されます．パリッシュ担当長老が，そのパリッシュで暮らす教会員の霊的また実践的な必要事項について話し合うパリッシュ会議を統括します．そのパリッシュにおける重要な関心事（たとえば，新しい教会員，伝道の機会，または緊急の牧会的必要性など）が，教会のスタッフからそのパリッシュ担当長老に伝えられたり，また逆に，パリッシュ担当長老から教会スタッフに伝えられたりします．こうして，そのパリッシュ内での働きは，そのパリッシュ会議のメンバーたちで分担され，さらに，そのパリッシュ内に住む他の教会員たちもその仕事に参画するよう求められます．いくつかのパリッシュには，パリッシュのアシスタントがいて，彼らは按手を受けてはいませんが，期待される役員であり，実践的かつ霊的な仕方でパリッシュを手助けする賜物を具えた人たちです．

　パリッシュの会議は，個々人の必要事項に気を配るだけでなく，そのパリッシュ内のキリスト者同士の交流を促します．あるパリッシュでは，毎週発行する情報 E メール便という方法で，パリッシュ内の教会員と定期的に連絡を取り合います．彼ら全員でパリッシュでの少人数の聖書研究会を主宰するのに加えて，それぞれの地域で暮らす教会員同士が互いに知り合うよう促す交流会を主宰します．パリッシュというモデルは第十長老教会ではうまく機能しています．しかし，もちろん，これがあらゆる状況でも機能するわけではありません．小規模の教会では，牧師と長老たちが，よりいっそう緊密に連携して働くことができるかもしれません．大切なのは，自分たちが直接的に霊的に配慮する人たちの霊的な必要性を敏感に感得しながら，長老たちが自分たちの教会の人々を霊的に治めることです．そのためには，あらゆる会議がその教会を牧会するために実行可能な計画を立て，実施していく必要があります．人々が自分たちに必要な霊的な配慮に与るために，牧会的な重荷は，組織的に，互いに共有されなければなりません．

　最後に，ディクソンの働きはわたしたちの時代にとって重要です．なぜ

なら，彼の働きは長老たちにキリストの羊の群れ全体を養うことを思い起こさせるからです．あらゆる社会的・経済的な水準にある人たちが，またあらゆる暮らしぶりの人たちが，霊的な配慮を必要としています．ディクソンの本について敢えて言及する価値のある特徴の一つは，彼のミニストリーの提言が，いかに今日的なものかと思わされる点の多々あることです．今日の多くの長老たちと同様に，豊かな者や貧しい者，若者や高齢者，男性や女性，家族や単身者，学生や就労者などすべての人が，彼らが必要とする牧会的な監督に与ることに，彼は注意を払おうとしました．そのために，今日のわたしたちと非常によく共通する小さなグループや，その目的を定めた牧会のつとめに，実質的に合致する牧会の方策を，彼は提唱しました．さらに彼は，女性たちの霊的な賜物を積極的に用いることの意義や，キリスト者たちがその地域でも，世界規模でも，まだキリストを知らない人たちに福音を分かち伝えるべきこと，などに特に関心を寄せました．多くの点で，ディクソンは時代を先取りしていたように思われます．

　彼の特別な関心事の一つは，長老たちは契約の子どもたちに霊的関心を注ぐべきであるということでした．今日，わたしたちは，若者たちが活動している学校の現場で，競争している運動会の現場で，参加している伝道旅行の現場で，参与している社会活動の現場で，彼らと会う必要があります．長老たちは，日曜学校で教えたり，支援したり，子どもたちが聖書の言葉や他の暗唱句を口にするのに耳を傾けたり，教会の日曜礼拝の前後に，子どもたちを訪問したりすることによって，教会の子どもたちとの関係を築くこともできます．長老たちは，死別や離婚などで自分たちの父親を失った子どもたちに父親的な気遣いを示しながら，そうした孤児らに特別な関心を注ぐよう召されています．よい長老は，貴賤上下の別なく，自分が配慮すべき羊の群れ全体に包括的な関心を払います．

　わたしたちは，教会に長老たちを備えてくださる神の真実な御旨のゆえに，神を褒めたたえます．人々は，忠実で勤勉な指導者たちが備えられていなければ，神の権威のもとに生きるとはどういうことなのかを知ること

ができません．神の御計画は，敬虔な長老たちが教会とその教会を取り巻く文化とに仕えることによって導くことです．長老会に対する神の命令が理解され，適用されるとき，わたしたちの教会，わたしたちの街，わたしたちの国，そしてわたしたちの世界は，祝福されるでしょう．デヴィッド・ディクソンは確信をもって，適切に実行される長老の貴い働きは，教会の刷新へ，また文化の改革へと導く，と正しく信じました．わたしたちの祈りは，本書が，次世代の長老たちに，教会の善を追求し，世界に神の栄光を促進するよう喚起し，励まし，指導することです．

ペンシルベニア州フィラデルフィア　第十長老教会（PCA）

治会長老：ジョージ・K・マクファーランド

宣教長老：フィリップ・G・ライケン[1]

1）［訳者註］本書の刊行後，編者の一人フィリップ・ライケン（宣教長老）は，2010 年に当該教会の主任牧師を辞し，ホウィートン・カレッジの学長に就任した．

1

長老職の重要性

　わたしはかつて，敬虔で優れた一人のイングランド教会の司祭から，次のように尋ねられたことがあります.「あなたがた長老教会の人たちは，司教たちにどういった異議をお持ちなのでしょうか？」. この問いに，わたしはこう答えました.「特別な異議などありません. 異議どころか，自由教会にはいわゆる司教は950人しかいませんが，テモテによって按手を受けた人たちと同じように，彼らは司教（監督者）に任職されて，御言葉と教理に従事し，そのつとめを果たしています」.

　わたしたちがその善良な司祭に司教たち（ビショップス）ないしは長老たち（エルダーズ）の総数を伝えていたら，彼はもっと驚いたでしょう. なぜなら，聖書でそれらは同じ職務として言及されているからです. 相違点が唯一あるとすれば，長老は御言葉と教義に仕える宣教長老（牧師）と群れを治める信徒の長老（治会長老）に分けられるという点です. 牧師の他に，スコットランドの長老教会には1万4千人を越える人たちが，魂に配慮し，「その信仰を見倣う」（ヘブライ人への手紙13：7）べき長老として按手を受けています. そして，パウロがエフェソ教会の長老たちに最初に語った「あなたがた自身と群れ全体とに気を配ってください. 聖霊は，神が御子の血によって御自分のものとなさった神の教会の世話をさせるために，あなたがたをこの群れの監督者に任命なさったのです」（使徒言行録20：28）との厳粛な言葉が，長老たちに宣告されています.

スコットランドだけでも，平和の君（イエス・キリスト）のために，何と
すばらしいつわものたちが備えられていることでしょう！ もし，このよ
うな長老たちが皆，その職務を十分に全うすることができれば，キリスト
教の影響力が大きなネットワークとなって広がり，どれほどまでにわたし
たちのすべての家族を取り巻くあらゆる領域を包み込んでいくことでしょ
う！ わたしたちが愛するこの国から，あらゆる世代に，どれほど多くの
祝福の実りが収穫されることでしょう！

　治会長老の聖書的な根拠については長老派の諸教会によって絶えず主張
され，堅持されてきたものの，長老がなすべき良い働きの実践については，
決して十分に達成されてこなかった，とわたしは強く確信しています．

　第一次宗教改革，そして第二次宗教改革[2]が行われた際，多くの模範的
な長老たち —— 偉業を成し遂げ，スコットランドの歴史に名を刻んだ，
高名な人たち —— が排出されました．しかし，彼らの大多数について言
えば，戒規や貧者への配慮以外に，詳細な組織的な働きに関しては何ら多
くの実績を見出すことができません．穏健主義[3]は，長老の役目と執事の
役目を混同させることで，長老職を貶めようと躍起になりました．その当
時，霊的なつとめを厳粛に担う長老に期待されるべき役目として妥当とみ
なされたつとめは，聖餐の二つの品を配ること，そして教会の入口玄関に

---

2)　それ以前からすでに宗教改革の精神はスコットランドに到来してはい
　　たものの，スコットランド宗教改革は，まず宗教改革議会が教皇派の権
　　威を拒絶し，ローマ・カトリック教会とスコットランドの関係を絶ち，
　　そしてジョン・ノックスと他の人々によって起草されたスコットランド
　　信仰告白を批准した，1560 年に定められている．そして，いわゆる第二
　　次宗教改革（1638－1660 年）の期間に，改革・長老教会の神学，および
　　ウェストミンスター神学者会議（1643－1648 年）の教会政治が，スコッ
　　トランドの教会論の領域を支配した．

3)　穏健主義とは，18 世紀および 19 世紀のスコットランド教会を二分さ
　　せた，神学的によりいっそうリベラルな態度を象徴している．

立つことであり，あろうことか「ボウビー長老」[4]などと呼ばれていたのです！ ふつつかな牧会が不注意な長老職をもたらしました．当時は，長老が一人もいない地区がいくつもありました．それに，もし長老に全体総会の議席がなければ，長老職自体もスコットランドの教会からすっかり消え去っていたかもしれません．

長老職は，ラルフ・アースキンによる『長老たちへの問い』[5]からもわかるように，スコットランド教会から離脱した分離派教会（シセション・チャーチ）[6]や，ダルゲティのドナルドソンやウィリソン[7]，それにボストン[8]，その他などが活躍した時代のスコットランド教会の多くの教会でも，[9]

---

4) オックスフォード英語辞典によれば，「ボウビー（bawbee）」とは「銀を基材としたスコットランドのコイン」のことで，つまり「ボウビー長老」とは，聖餐式の準備をし，配餐を務め，献金を収集するにすぎない人たちのことをさす．

5) ラルフ・アースキン（Ralph Erskine 1685－1752 年）はダンファームリンの牧師で，1733 年の離脱に際して主導的な役割を果たした牧師だった．アースキンは自分のパリッシュに対する責任を勤勉に果たした．彼とその同僚は，一年間に 5000 件を超えるパリッシュ内の家庭を訪問し，一般の人々（の福音理解）を審査した．

6) スコットランド教会から離脱した教会には，教会政治が原因で，1733 年に連合プレスビテリーを形成するために離脱した分離派教会（シセション・チャーチ）や，1761 年に救済（リリーフ）プレスビテリーを形成するために離脱した諸教会があった．

7) アンドリュー・ドナルドソン（Andrew Donaldson）は 1644 年から 1662 年まで，スコットランドのダルゲティの牧師だった．

8) ジョン・ウィリソン（John Willison 1680－1750 年）はブレヒンと南ダンディーでスコットランド教会の牧師をつとめた．特に黙想の書物を書いたことで彼は知られていた．彼は二つの主要な霊的復興運動に参与しており，また穏健主義に対する頑強な反対者だった．

9) トマス・ボストン（Thomas Boston 1676－1732 年）はスコットランド教会の牧師で，神学者でもあった．彼はエトリックのパリッシュと緊密な関係にあり，25 年にわたり契約神学，自由に提供される福音，そして救いの保証としてのキリストへの信仰を説教した．彼はおもにマロウ論

非常に効果的に維持されていたことは間違いありません．しかし，スコットランドでもアメリカでも，福音伝道や教化活動において，霊的生活の支援としての長老のつとめが，それに十分相応になされたと思われるほど用いられたことはありませんでした．

　わたしたちはキリストの教会に新たな仕組みを必要としません．長老教会の制度の中に，すべてがもうすでにわたしたちの手に備えられています．わたしたちに必要なのは，それに着手し，そして運用していく原動力です．わたしたち長老を愛と熱意で満たすために，わたしたちに必要なのは聖霊のバプテスマです．こうして，わたしたちは自らの職務に励むことができるようになり，わたしたち自身の働きが確立されていくでしょう．

　どのような形態を採るにせよ，健全で有用な教会となるために長老制度は必要不可欠です．ウェスレアンの教会では，おおかた指導者集団という形で長老制度を採用してきました．多くのバプテスト教会や会衆派の教会では執事が長老の働きを担うよう期待されています．[10] それに，多くの聡明な監督教会の人たちが，自分たちの教会にも公式に任職された信徒の働き手が欲しいと望んでいます．こうした職制と自由の一致こそ，わたしたちの柔軟な長老制度の特徴です．長老制度は，わたしたちの立憲君主制度のような，いくつもの時代の積み重ねの結果ではなく，わたしたちが確信するところでは，1800 年も前から新約聖書に定められており，それはあらゆる国々で現実的な検証にも耐えられるでしょう．[11]

　争（1717－1723 年）で果たした役割によって，また，18 世紀のスコットランドで最も広範に出版された，その書物『人間本性の四段階（*Human Nature in Fourfold State*)』（1720 年初版，1729 年改訂版）で知られている．

10)　幸いなことに，今日ではいくつかのバプテスト派系の諸教会が，聖書的な理解に基づき，長老職を回復しつつある．

11)　ディクソンの指摘は，制限君主制として知られる政治形態のように，長老主義は，一方では教会の中に秩序を保ちつつ，他方で最大限の自由を許容するという点にある．もちろん，この教会政治形態を採用するのは，単に実践的な理由からではなく，聖書的な見地からである．

長老制度がどうしても必要なのは，教会を指導するためです．たとえ聖書がそれを規定してはいないとしても，実践的な知恵がそれを要請します．一般的な教会では，必要とされるすべてを牧師だけで行うのは物理的に不可能であり，そうなると，牧師たちは祈りや御言葉のつとめに専念するのを断念しなければなりません．牧師たちは毎週二度の説教や講義の準備をすることが期待されていますが，それらは多くの学びと思索の結果です．これがどんな状況でも妥当かどうか，または霊的な向上にとって妥当かどうかという問題には踏み込みません．わたしたちはそれらをそのまま受け止めることにします．それに，毎週二つの説教を準備する以外に，牧師は全教会員を継続的に訪問し，特に病気の方たちを見舞うことが期待されます．それに，キリストの公の僕として，牧師には他にもまだつとめがあります．ですから，牧師がひとり単独で数百人の魂を適切に配慮することなど全く不可能です．

長老教会の人たちは，長老の職務の必要性と有益性をよく理解しています．スコットランド全土では，長老の訪問を好むという嬉しい社会通念があります．自分の訪問が歓迎されなかったというような長老は一人もいません．人々の家の扉も心も，長老の職務に召された人たちに対して常に開いています．どんな場合でも，「お会いできてとても嬉しいです」との挨拶が返ってきます．神を信頼するのに次いで，わたしたちは兄弟姉妹を信頼しましょう．わたしたちが職責上のことで彼ら彼女らに落胆させられることは滅多にありません．

わたしたちの目的は議論することではなく，実践することですから，長老職についての聖書的な議論には立ち入りません．この主題について学びたいと望む人もいるはずですから，そういう方には，ロリマー博士の著[12]

---

12) ジョン・ゴードン・ロリマー（John Gordon Lorimer 1804－1868 年）はハディントン出身の自由教会の牧師で，作家でもあった．1832 年から終生，グラスゴーのセント・デイビッド教会の牧師として仕えた．彼は1832 年に『スコットランド教会の長老制度（*The Eldership of the Church*

作を紹介します．この本には，第二宗教改革時代の栄誉ある殉教者，スターリングのジェームズ・ガズリーが記した，この主題をめぐる優れた小論も含まれています．[13] それに，ニュー・ジャージー州のプリンストン大学のミラー博士による治会長老の職務をめぐる学問的で大変有益な小論もあります．[14] 故マッケンロー博士の著作は，エジンバラの一致長老教会の献身的で寛大な長老によって記された，長老職に関するきわめて優れた小論として賞を受賞しました．[15] そして最後に，特にキング博士が記した優れた実践的な書物もあります．[16]

---

　of Scotland)』を，1842 年に『執事制度（*The Deaconship*）』を出版した．

13)　ジェームズ・ガズリー（James Guthrie 1612－1661 年）はスコットランドの牧師で，『治会長老と執事をめぐる論考（*A Treatise of Ruling Elders and Deacons*)』（1652 年）を記した厳格な長老主義者だった．ガズリーは，1638 年の国民契約に署名し，そしてチャールズⅠ世とチャールズⅡ世の治世下には，政治的に活動し続けた．ディクソンが指摘するように，専制君主制が回復し，またチャールズⅡ世がスコットランドの教会から長老制度を排除し，司教制度による教会政治へと揺り戻しを図った 1660 年に，彼は処刑された．

14)　サミュエル・ミラー（1769－1850 年）はニューヨーク市内の長老教会の牧師で，後にプリンストン神学校の教会史の教授となった．ディクソンが言及する論文は『長老教会における治会長老の職務の根拠，本性，責務をめぐる論考（*Essay on the Warrant, Nature and duties of the Office of the Ruling Elder in the Presbyterian Church*）』（1831 年）という表題である．

15)　ジョン・マッケンロー（John M'Kerrow 1789－1867 年）はスコットランドの牧師で，ここで言われている書物は『キリストの教会における治会長老の職務：その神聖な権威と責務（*The Office of Ruling Elder in the Christian Church: Its Divine Authority and Responsibility*）』（1846 年）として出版された．

16)　デヴィッド・キング（David King 1806－1883 年）は『キリストの教会における治会長老（*Ruling Elder of the Christian Church*）』を記した．

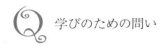 学びのための問い

1. 聖書では長老職に対してどんな用語が使われていますか（使徒言行録20：17－28を参照）？ それぞれの用語は長老の召命についてどんなことをわたしたちに教えてくれますか？ これらの用語は同意語として使われていますが，この使用例は教会政治をめぐってわたしたちに何を教えてくれますか？

2. 長老たちは，自分たちが配慮すべき魂のために弁明しなければならないとあります（ヘブライ人への手紙13：17）．これはどういう意味ですか？ 神の御前での長老たちの弁明とは何ですか？

3. 聖書は，長老たちに「自分自身に気をつけて」いなさいとも勧めています（使徒言行録20：28）．この命令は自分自身を注意深く吟味するよう求めているのだということを念頭に置いてください．あなたは家庭で，どれほど親密に神と共に歩いていますか？ 職場ではどうですか？ 教会ではどうですか？ あなた自身の神との関係はどうですか？ 神と共にいる（Godliness）中での，あなたの成長の具体例を挙げてください．

4. 教会の健全性と有効性にとって，なぜ聖書的な長老職が必要なのですか？

2

長老の資質

　長老の職責について語る前に，テモテやテトスに宛てた手紙や，ペトロの手紙一，またその他の聖書箇所から，長老の職務に求められる資質についていくつかの点に留意することは有益です．

　1．長老の職務と働きは霊的なものですから，長老たちは霊的な人たちでなければなりません．長老は，優れた才能や世俗的な地位，裕福さなどを具えた，高等教育を受けた人物である必要はありませんが，神の人で，イエス・キリストとの平和を得た人，新しく創造された人であることは，どうしても不可欠です．神の和解を伝える使命に従事するのですから，自らが神と和解していなければなりません．わたしたちは主を愛し，主のために働くことを愛さなければなりません．主のために働くつとめを心から愛せるなら，それは幸せに満ちたつとめになるでしょう．なぜなら，それは喜びに満ちてなされるつとめだからです．そして，わたしたちの魂が成長するにつれて，わたしたちのつとめも共に成長していきます．つまりは，主の喜びこそがわたしたちの原動力となります．

　　わたしたちの実際の心理状態と動機について言えば，「どうか……あなたがた自身に気を配ってください」（使徒言行録20：28）ということです．わたしたちは真のぶどうの木につながる枝として生き（ヨハネによる福音書15：1-15），そして成長しているでしょうか？　長老会の働きは，それ

自体がとても光栄なもので，興味深いものですが，わたしたちの心の中に，イエスへの真の愛がなければ，また，その愛が育まれていかなければ，そのつとめは，退屈で，形式的で，無価値なものにもなるでしょう．イエスへの愛だけが，ともし火を灯し，その火を燃やし続けるための唯一の油です．わたしたちは，長老のつとめにおいて主に栄光を帰そうとするならば，わたしたちは祈りの人にならなければなりません．特に，主ご自身の地上でのつとめを詳しく学び，そしてローマの信徒への手紙 12 章やコリントの信徒への手紙一 13 章などを学びながら，キリストの言葉をわたしたちの内に豊かに宿すことが大切です（コロサイの信徒への手紙 3：16）[17]．

2．わたしたちは神の言葉について正しい知識を具え，自分たちの内にある希望について言葉で説明できることが大切です．わたしたちは，あらゆる異端や反論に対して学術的に渡り合える神学者になる必要はありません．ですが，聖書をよく読むべきであり，アキラとプリスキラがアポロに対してしたことができるようになるべきです[18]．長老は，ある程度「強め，力づけ，揺らぐことがない」（ペトロの手紙一 5：10）ような人であるべきで，「信仰に入って間もない人」（テモテの手紙一 3：6）ではいけません．そのような人を教会の職務に就かせることで，その人を横柄で，厚かましく，気まぐれで，思いあがった者にしてしまいかねません．なぜなら，若い青少年たちや日の浅いキリスト者たちに対しては，他の役立つ分野，しかも

17）ローマの信徒への手紙 12 章では，わたしたちの体を献げることを具体的に指示し，「神に喜ばれる生きた聖なるいけにえとする」ことであると論じる．コリントの信徒への手紙一 13 章は聖書でよく知られている愛について記されている章である．ディクソンがこれらの箇所を具体的に挙げるのは，長老の人格と働きは犠牲的な愛によって特徴づけられるべきものだからである．

18）アキラとプリスキラがアポロを指導したことで，アポロはキリスト教の教理についてよりいっそう的確な理解を得ることになった（使徒言行録 18：26）．

よりいっそうの謙遜が求められる分野が，より相応しいからです．事前に数年間，日曜学校教師の奉仕をとおして真理を学び，それを適用する習慣を身につけておくことは，長老にはとても役立ちます．こうした働きは，神聖な事柄に対する長老の理解力と関心の高さを確かめることにもなるでしょう．もし長老が聖書において自分に定められているつとめ——「とがめ，戒め，励ます」こと（テモテへの手紙二 4：2）や，「健全な教えに従って勧めたり，反対者の主張を論破したりすること」（テトスの手紙 1：9）ができること——を果たそうとするならば，神の言葉が自分の相談相手または日毎の同伴者でなければなりません．

　長老が体系的学問として神学を学ぶことについて，わたしが消極的だと思って欲しくはありません．長老たちは皆，ウェストミンスター信仰告白を学ぶべきですが，その信仰告白を学んだ人は皆，ひとかどの神学者です．教会の多くの一般信徒（他に適切な言葉がないためそう表現しますが）が教義上の論争に精通していることは，キリストの教会にとって大きな力となります．時間と能力のある長老は，このことに傾注すべきです．いくつかの火山は死火山になっていると言われるような意味で，過去の異端がすべて消滅したわけではありません．なぜなら，すべての異端は少しも変わることのない悪に満ちた古い人の心から生まれ出てくるからです．しかし，古い時代の異端は，新しい形態を装うので，入念に研究して論破する必要があります．世の中の人たちが直接異端的な話を聞くのは，牧師からではなく，むしろ，生半可で曖昧であっても，一般信徒からなのです．

　3．長老は発言すべき時や発言を慎むべき時を自覚した常識人でなければなりません．恵みが常識を与えてくれるわけではありませんが，少しの常識で，キリストの教会内の多くの論議や異端の問題は解決します．意見するだけで行動が伴わない人たちや好戦的な人たちは，長老会や会衆の中にいる困り者で，プレスビテリーや他の教会会議の厄介事を起こしかねません．彼らは心から真実を愛しているかもしれません．わたしたちも，彼

らは大抵そうだと信じます．しかし，彼らはまた争いも好みます．そんな人にとって，長老制度の厳粛で粛々と果たされるべき義務は，ほとんど，あるいはまったく魅力がありません．わたしたちは皆自分たちの内側に潜む非難がましくあらを探したくなる思いに警戒し，祈らなければなりません．それは教理や生活の堕落に付随するもの，または堕落を導くものです．心に不安があれば他人の欠点を探したがります．多様な性格や人柄と接する中で，長老は柔和で穏やかな人であることが必要であり，極論に突っ走ることなく，実践的な知恵と聖別された常識を具えた人であって，そのようにして，ものごとに対して偏見なく冷静に裁定することができるのです．

4．わたしたちは自らの生き方と発言が一貫していなければなりませんし，「主の祭具を担う者」（イザヤ書 52：11）として清廉であり，また教会の中でも外でも「よい評判を得ている人」（テモテへの手紙一 3：7）で，信仰，希望，愛において「群れの模範」（ペトロの手紙一 5：3）となり，自分の子どもたちや家庭をしっかりと治めている人でなければなりません．今日，狼は羊の衣をまとうのが得策だと考えます．なぜなら，世俗的な繁栄のために，ある種の宗教的な言説が利することはあっても，妨げになることはないからです．そのため，教会とこの世は節操なく混交する危険性があり，それによって損失を被るのはいつも教会なのです．

わたしたち長老は，あらゆる悪の出現を避けましょう．職場でも，わたしたちの口頭の約束が契約書と同じくらいに確実な人物として知られるようにしていきましょう．つまり，取引においては，利己的であったり，卑劣であることも，また非情で，金銭欲が強い人（それはたまに生じる，目にあまるような偽善的な事例にもまして，キリストの御名に対して，より大きな非難を招くことになります）と思われることもせず，むしろ，天に宝を積む，神の「王の系統を引く祭司」（ペトロの手紙一 2:9）となるべく，

疑わしい金銭は進んで手放しましょう[19].

　わたしたちは，自分たちが礼節を保ち，正しく清く穏やかであることで「天の故郷を熱望し」（ヘブライ人への手紙 11：16）ていることを，自分たちの日々の生き方によってはっきりと宣言していきましょう．キリストのゆえに，自分たちの能力に応じて寛大な者となり，それぞれの教会や教会員としっかり結びつき，それとともに，真の善き人や最善をめざす人になりましょう．なぜなら，自分の家族をこよなく愛する人は，たいていの場合，家族以外の人たちを気づかうゆとりが心にあり，もてなしの心が具わり，自分の家を神の民のための家庭にしたいと求めているからです．

　長老の有用性は，その人の賜物や知識よりも，結局のところ，その人の人柄によるところが大きいのです．落ち着きのあるキリスト者の堅実さが，助言の言葉に重みを与え，そして周りの人たちへの日毎の教訓となるでしょう．彼の歩みも会話も，彼の生き方も，また彼の仲間たちや友人たちも，そして，彼の温情も楽しみとすることも，そのすべてが，家族だけでなく，彼の地域の人たちや教会員にも，大きな影響を及ぼすことになるでしょう[20]．特に若い人たちは，他の人たちには口外しない多くのことには，良いことも悪いこともあることに気づきます．若い人たちは，キリスト者とはどのような人であるのかを，わたしたちから学ぶべきです．それは，頻繁にある種のもっともらしいことを説くのではなく，「キリストと共に神の内に隠されている」（コロサイの信徒への手紙 3：3）ものが，その生き方から，明確で，明白なものとして溢れ出てくるものによってです．兄

---

19)　ディクソンは，「疑わしい金銭」という表現で，道義的に何かしら疑問視せざるをえないような手段をとおして得たお金を示している．

20)　ひとりの長老の「担当地域」について言及する際，ディクソンはエジンバラ市内の地理的な区域について語っている．つまり，それぞれの長老が自分の担当する地域内で暮らす人たちを配慮した．担当地域内での長老の働きに関する彼のコメントの大半は，教会内での諸活動（家庭集会，出張礼拝，地区集会，諸集会など）にも同様に応用できるでしょう．

弟たち，「全き聖なる信心深い生活において，わたしたちはどのような人であるべきなのでしょうか？」（ペトロの手紙二 3：11）．

5.　最後に，特に長老は，深く共感できる人――つまり，わたしたちの心の中にある人間的な優しさだけでなく，清められ，聖別された者としての優しさを具えている人――でなければなりません．わたしたちは，人生の浮き沈みを経験しながら，いつでも「喜ぶ人と共に喜び，泣く人と共に泣く」（ローマの信徒への手紙 12：15）ための心備えをし，人の気持ちをわかり合える心を具えていなければなりません．この世は理屈で支配されているわけではありませんし，とりわけキリスト者として，また長老として，この世でより善いことを行うためにわたしたちが口にする真理の言葉は，わたしたちの心からあふれ出る温かなものでなければなりません．そうでなければ，言葉は冷淡で的外れとなります．かつて，ある人について聞いたことです．「彼はいい人です．ですが，どうしても，わたしは，彼から主イエスを思い起こすことはできないのです」．わたしたちの有用性は，人々の生来の，あるいは霊的な必要性を知ることだけではなく，どこまでわたしたちが彼らに共感し心を開くことができるか，そして彼らもまた心と精神をわたしたちに開いてくれるか，に多分にかかっています．

この共感は子どもを主のみもとに連れてこようとした母親を咎めた弟子たち（マタイによる福音書 19：13-14）や，飢えた群衆に何も食べさせず帰らせようとした弟子たち（マタイによる福音書 14：13-16）に憤られた主イエスとの交わりの中に生きることで，最もよく学ぶことができます．

2. 長老の資質　39

 学びのための問い

1. あなたの教会では，長老を選出する際に，どのような資質を考慮していますか？ 長老職に対して，あなたが公式にまたは非公式に求める項目は，聖書的なモデルとどれほど緊密に合致しているでしょうか？

2. 長老たちは霊的な人物でなければなりません．何を根拠に，あなたが神の人であることがわかりますか？ あなたが福音において成長している方法をいくつか挙げてみてください．

3. 神の言葉に関する知識を増進するために，あなたは具体的にどのようなことに取り組んでいますか？ 聖書神学や組織神学に関する理解を深めるためには，どうでしょうか？

4. 長老たちは，内部争いや論争を駆り立てようとする気持ちに注意を払わなければなりません．どのような人が，またどのような事柄が，あなたを苛立たせたり，怒らせたりするきっかけになりますか？ そのような人や問題に対処するための，最善で，信仰的な手段とはどのようなものでしょうか？

5. 長老が有用であるのはその人の賜物よりも人柄によるところが大きい，とディクソンは訴えます．この主張に，あなたは同意しますか，同意しませんか？ その答えの根拠は？

6. 「彼はいい人です．ですが，どうしても，わたしは，彼から主イエスを思い起こすことはできないのです」．この警句を自己吟味の土台と

して用いてください．あなたの教会やグループに属する人たちのために，どんな実例がありますか？ どんな仕方ならば，少なくとも人々に主イエスを思い起こしてもらうことになるでしょうか？ これらの分野で，あなたが継続できそうな具体的な取り組みを挙げてください．

3

長老の職責

　下記の1846年のスコットランド自由教会の全体総会で採択された一つの法案からの抜粋は，長老の職責に関する優れた要約を提示してくれています．

1. 長老たちは牧師と共に長老会を構成し，戒規の執行や教会の霊的な統治を支援すること．
2. 長老たちは，人々の道義や信仰上の基本原則，および公の礼拝などの儀式への出席状況や，個人と家族の信仰の状態などを，注意深く見守ること．
3. 長老たちは，自分が責任を負う各自のパリッシュに住む病人を，折にふれて見舞うこと．
4. 長老たちは，若者の信仰指導を監督し，また任職の志願者の資格を審査して，牧師を補佐すること．
5. 長老たちは，自らの担当地域での祈祷会や聖書読書会，また教会員たちによるキリスト者に相応しい交流会などの開催を，監督し，推進すること．

　長老は，二つの大きな問題を抱えて悪戦苦闘しています．第一に，長老は，自分がそのために選び別けられたその働きについて大まかには理解し

ているものの，いざそれを実践する段階になると，自分のために前もって
備えられている所定の計画や，暗黙裡に了解されている指針など一切あり
ません．ですから，長老は各自が自分の目で見て正しいと思うことを実行
するように委ねられています．どの長老も，どの地域も，そしてどの教会
も，皆それぞれまったく違うため，どんな不変な方法も確定するのは不可
能に思われます．ですから，引っ込み思案で経験不足の長老たちが，どれ
ほどの困難を覚え，なすべきことよりもきわめてわずかなことしか実行で
きずにいる，ということは容易に理解できます．

　もう一つの問題は，長老がいつ自分の担当地域を訪問すべきかは，当然
ながら，誰からも指示されていないということです．ある時，牧師が残念
そうにこう言いました．「わたしの仕事には開始と終了を告げるベルが鳴
りません」．この見解は長老にも該当します．安息日の鐘でさえ，長老の
仕事のために鐘が鳴るわけではありません．長老はいつでも自分の仕事を
することができます．長老に自分のつとめを自ずと思い起こさせる日やそ
の時もありません．これは執事や日曜学校教師たちは苦悩せずに済む問題
です．とりわけ，もしわたしたちが従事するそのつとめに祝福と喜びを経
験したことが全くなければ，長老たちの内でその「いつでもできる」が「い
つまでたってもできない」になっても何ら不思議ではありません．

　長老がなすべき仕事の詳細についても，その仕事を行うべき時間の詳細
についても，教会は定めるべきだとわたしたちは提案しているのではあり
ません．これについては，もっともな異論はたくさんあります．わたした
ちはむしろ，いろいろな諸教会の長老たちが自らの職責をなんとか果たそ
うと取り組むさまざまな計画に気づくように，長老たちが自らに委ねられ
ている魂の幸いへの配慮ために，任職されているその職務を，どうすれば
与えられた活動範囲や場で実行できるかについての手掛かりを提供したい，と願うものです．

　長老が職責を効率よく行えば，そのために求められる時間はそれほど長
くはありません．とりわけ執事職が確立されているところではなおさらで

す．平均的に，また一般的に言われているのは，一週間でだいたい二時間
もあれば十分ですし，あるいは，それ以下でも構いません．かなり多くの
キリスト者たちは，週日で目覚めている時間全体のおよそ2%を進んでこ
の仕事に当てることができるはずですし，喜んでそうすべきです．それに，
そうすることで家族や職場が失われることなどないのは，はっきりしてい
ます．

　わたしたちの目的は，自分たちのそれぞれの地域で良い仕事をするため
に採用されてきた効果的な方法や，また採用できそうな方法などを，長老
の職責の担い手たちが自覚できるよう取りまとめて判別してもらうことで
す．はじめて聞くような方法もあるかと思いますが，それらの多くは，さ
まざまな地域やさまざまな教会で，長老たちによって成果を上げています．
ある教会で，またはある長老によって良い計画が採用されても，それが広
く知れ渡った時にしか，その方法をすぐには他の人たちに薦めようとしな
いのは，わたしたちが求める教会間の協力における悪しき弊害の一つです．

　もちろん，多種多様なあらゆる方法が，どの地域でも適用できると思う
人はいません．ロザニーのエルダー博士はこう言っています（数年前に，
長老たちを対象に語られたすばらしい講演録が出版され，そこからわたし
もいくつもの手掛かりを得ました）．「外的な生活境遇，生まれもっての賜
物や霊的な賜物，有用な手段と能力に関して，長老職は最大限の多様性を
発揮します．貴族から小作人まで，また豪商から慎ましい職人まで，はた
また哲学者から教会の教え以外には何も勉強したことのないような社会的
身分の低い日雇い農夫まで，ありとあらゆる階層の教会員たちの中から，
長老職の担い手が起こされる点は，長老制度に具わる優れた長所の一つで
す」[21]．

21）　ロバート・エルダー（Robert Elder 1808－1892 年）はキルブランドン，
　　キッリン，そしてロズセイでスコットランド自由教会の牧師として仕え
　　た．彼は1871年に自由教会の総会議長を務めた．

次に，市街地であれ田舎地域であれ，都心部であれ郊外であれ，教会は上流層や中流層，また労働者層の人たちで構成されており，わたしたちの各地域も実に多様性に富んでいます．こうした違いのため，それぞれの場合に相応しい有益な計画が策定されるよう，それぞれの長老たち，少なくともそれぞれの長老会が，祈りに満ちた知恵によって導かれることが不可欠です．わたしたちが「すべての人に対して，善を行う」(ガラテヤの信徒への手紙6：10) ために，まさに「わたしたちにその機会が与えられているから」です．最善を尽くして，あらゆる人に対してあらゆるものとなることができ，また，わたしたちが何人かをでも救いに導くための働きに，創意工夫を凝らしていきましょう．とにもかくにも，どのようにするにせよ，聖書との整合性と良識をもって，この大いなる高貴な目標をめざしていきましょう．

学びのための問い

1. ディクソンによる，長老の職責の一覧（41 頁の 1 〜 5）をもう一度確認してください．そこにあなたが付け加えた方がよいと思うものが何かあるでしょうか？ あなたの教会の長老たちにとって中心的なものとなっているのはどの義務ですか？ あなた自身のつとめの中で，どの義務がもっと注意深く行われる必要があるでしょうか？

2. 平均的に長老は一週間に二時間だけは自分の義務を果たす必要がある，とディクソンは指摘します．これは妥当な見解でしょうか？ あなたの教会が長老たちに期待していることは何でしょうか？

3. あなたの時間の用い方を検討してみてください．あなたは自分の召しに求められていることを忠実に果たしているでしょうか？ 教会の奉仕をより効率よくするために，どうすれば自分のスケジュールを組み立てることができるでしょうか？ これは友人や同僚らと（もちろん，もし結婚していれば，伴侶と）話し合うよい話題です．

4

担当地域での長老

　担当地域の規模は重要です．もし一つの地域があまりにも狭ければ，長老はそのつとめを過小評価しがちとなり，逆に広すぎれば，とても対応できないと思い込み，その結果，自分のできることすらしなくなってしまう傾向があります．地域の割り当てには，それぞれの長老の住居や適正が，その当人に任されるその地域に相応しく，適材適所となるよう，長老会の注意深い配慮が大切です．

　規模の大きい教会では，教会の日曜学校の管理や地域伝道，使用人たち（非常に異動の多い階層）の見守り，寡婦や孤児たちの世話，地方から来た学生たちや若者たちへの配慮など，そのつとめに相応しい資質を具えた兄弟姉妹たちを，その地域の長老以外に任命するのも良いかもしれません．

　教会の礼拝やその他の行事の参加者について地域の長老たちに定期的に伝達することや，その地域から別の地域へ引っ越す教会員を長老どうしで連絡を取り合うことに，配慮しすぎることはありません．このことを怠ることで，教会会計にかなりの損失が続くばかりか，よりいっそう深刻なのは，大勢の人たちや家庭が，教会との相互的な結びつきから離れていくのを放置したままにすることだ，とわたしたちは確信します．とりわけ大きな教会では，ある地域から他の地域への引っ越しの連絡はすべて書記長老に伝えられ，そして長老からは，牧師だけでなく引っ越し先の地域の長老にも知らされるべきです．

書記長老はアイウエオ順の陪餐会員名簿以外に，それぞれの地域ごとに整理された会員名簿を所持するとよいでしょう．長老はここからいつでも地域の名簿を修正できます．教会役員と会計集金者が使用するために，各地域の教会員名簿を毎年印刷している教会はいくつもあります．

長老が所持する各地域の名簿には，陪餐会員だけでなくその子どもたち全員の名前やその家族全員の名前も載せるべきです．聖礼典に際し，これに与った人たちの名前や，長老が訪問した日付も記すべきです．[22]長老によるさまざまな訪問先の名簿が作成されますが，長老は各自で計画を立てるのが最善でしょう．長老は不必要な一覧表に煩わされない方がよいでしょう．一人ひとりが会堂のどの辺りに着席しているのかを把握していることも役に立ちます．できれば，長老は会衆全員を個別に知っていたいものです．規模の小さな教会では，長老にとってそれは難しいことではないでしょう．

もし長老の職務の貴い目的が神の恵みによって達成されるとすれば，長老は自分が担当する地域の人たちのことを知っていなければならないのは明らかです．長老は，老人であれ青年であれ，彼らの生い立ちや職業，習慣や考え方など，彼らについてすべて知っていなければなりません．彼らも彼らの子どもたちにも，長老は人格的な友人となるべきです．そうすることで，彼らは長老を，親切で分かり合える友人として，また信仰心の篤いカウンセラーとして，自分たちが信頼できる人物として，自然と彼の方を向くようになります．自分の家でリラックスし，だんらんしている時の彼らのことを，長老は知らなければなりません．チャーマーズ博士は，「人の心の中に入る道は，まずはその人の家の玄関口に入ることだ」と言っています．[23]そして，長老は，折にふれて訪問することによって，この考え

---

22) 幾世紀もの間，スコットランドでもその他でも，諸々の長老教会にとっては，多くの教会で一年に一度か二度しか執行されない主の晩餐に与る教会員たちを注意深く記録しておくことが慣例だった．

23) トーマス・チャーマーズ（Thomas Chalmers 1780−1847 年）は 19 世

を実践しなければなりません.

　長老の働きについての事始めとして，彼の担当地域に新たに人が引っ越してきた場合には，長老は彼らの魂の状態に関わるところまで，個人的な対話を交わす努力をしなければなりません．重大な問題について，まだわだかまりがありますか？「地には平和，御心に適う人にあれ」のメッセージに対して彼らは「はい」や「いいえ」と答えましたか？長老はしばしば，このような会話を切り出すのが難しいと感じています．当然ながら，このような会話は，個人的に，思慮深く，穏やかに，愛情をもって進められなければなりません．そうされるべきなのですが，──「あなたよりはずっと清廉だから，わたしの側にいらっしゃい」といった高飛車な思いからではなく──彼らの永遠の関心事に大きな関心を寄せている者として，なされるべきです．ありきたりの話で満足しないようにしましょう．なぜなら，長老の訪問は，儀礼的な訪問でも，ただの挨拶程度の訪問でもないからです．わたしたちには貴重な仕事が委ねられています．問安という高貴なつとめが委ねられているのです.

　そうした会話がわたしたちの主の御旨に適うなら，たいていの場合，好意的に受け取られるでしょうし，非常に祝福されることも多々あります．神さまの子どもとされている人たちは，心を割って話せる人に出会えたこ

紀におけるスコットランドの最も偉大な教会人として広く知られ，著名な説教者であり，神学者，また社会改革者だった．彼はエジンバラのニューカレッジやセント・アンドリュース大学などで大学教授となる前に，牧師として仕えたグラスゴーのトロン教会や他の諸教会の教域生活の霊的復興活動のゆえに，おそらく，最もよく知られています．デヴィッド・ディクソン同様，チャーマーズは，産業化が進んだ社会の退廃は，福音のつとめをとおしてこそ改善されるものと信じ，そして彼はグラスゴー市を小さな教域（パリッシュ）に区分けして組織することに助力し（彼はそれらを「パリッシュ」とは呼ばずに「プロポーション」と呼んだ），その結果，政府ではなく教会が，都市部の貧困層が抱える霊的・物的必要性に応えることができた.

とに感謝の思いを抱くでしょう．そして，陪餐員名簿に名前が記載されているだけの，あくまでも名簿上にすぎない教会員が，罪人を救う神の道に取り込まれることにもなるでしょう．[24] このキリスト教国の中ですら，20年，30年，あるいは40年もの間，彼らの魂の救いについて直接的に，また人格的に語りかけてくれる人に出会ったことのない人が大勢います．これを行うことについて，（なんということか！）わたしたちは皆，どれほど臆病で，恥ずかしがり屋なことか！したがって，良い成果を伴う対話にするために，わたしたちが口にする言葉には，祈りが伴い，また一貫した生き方が伴っていなければなりません．主がわたしたち長老に，そのような愛と力の霊を授けてくださり，わたしたちがすべての人に彼らの魂の救いについて話せるようにしてくださり，そうして，「長老はよく訪問してくれましたが，わたしの魂の状態について率直に話をしてくれたことは一度もありません」などと言う人が誰一人いなくなりますように．なんということか！わたしたちの内に「だれの血についても，わたしには責任がありません．わたしは，神の御計画をすべて，ひるむことなくあなたがたに伝えたからです」（使徒言行録20：26）と言える人が，一人でもいるでしょうか？

多くのことについて当たり前だと思わないようにすべきです．他者の義による救いということは，生来的な心にとってはあまりにも奇妙ですから，聖霊によって教えられなければ，誰ひとり，本当の意味で理解できないとわたしたちは確信します．神の義を知らず，この王道も知らないままに，わたしたちは五千年以上も前に閉じられた道を通って，いそいそと天国に行こうとしてしまうことになるでしょう．ある高齢の穏健派の牧師は，かつてよく，説教の中で信仰を「神の存在と属性を信じること」と定義して

24）ここでのディクソンの関心は，目に見える教会の成員ではあるものの，イエス・キリストに対する人格的な救いの信仰をいまだ持ち合わせていない人たちに向けられている．

いました．そして，彼はこうも言いました．「もし誰かがそれ以上のもの
であると言うのなら，その人の言うことを信じてはいけません．なぜなら，
それはまさしくすべての人が自分自身のためになすべきことを，別の人に
頼むことを意味するからです」[25]これが自然宗教であり，生来的な心の宗
教でした．82歳で新しく生まれ変わったひとりの老女が，あるときわた
しにこのように語ってくれました．彼女は60年間も，誠実そのものの牧
師のもとにいましたが，聖霊が彼女に「天上の簡単で単純で負担を課せら
れることのない計画」，すなわち「信じて生きよ」と教えるまでは，罪人
を救う神の道を本当の意味では理解していなかったそうです．

　北方の使徒と呼ばれたフェリントッシュのマクドナルド博士は，エジン
バラにあるゲール語教会の牧師だった時に，サウス・ブリッジにある書店
を頻繁に訪れました．そして，その店にいる若者たちの一人に対し，大い
なる救いについての，親切で恵み溢れる言葉を，たびたび語りかけました．
その若者も老齢まで生き，そしてその人はマクドナルド博士を自分の霊的
な父親と考えている，と折にふれてわたしに語ってくれました．しかし，
その学びはそれだけでなく，それ以上の思いもよらないしかたで祝福され
ました．（当時若者だった）その弟子も，他の人たちに対して，その時に適っ
た相応しい言葉のひと言を語ることを学びました．ある日，一人の青年が
ムーア［※ヒースで覆われた原野］の寂れたコテージの絵を彼に見せなが
ら，「こんなところで誰が暮らせるものか？」と言いました．それに対す
る返答は新しい命の始まりでした．「ジョン，もしわたしたちがキリスト
を内に宿し，キリストがわたしたちと共にいてくだされば，わたしたちは
どこでだって暮らせるのだよ」との答えが返ってきました．「大きな心配
や関心事」を抱えている一人ひとりと人格的に関わることについては，他

---

25)　穏健主義についての簡潔な定義は註の「4」を参照．ディクソンはこ
　　こで，救いとは，信仰によってわたしたちにもたらされるイエス・キリ
　　ストの義を信頼することよりも，わたしたちが神に服従することに依拠
　　する，とみなす穏健派の立場に反論している．

にもたくさんの具体例をあげることができます[26].

---

26) ジョン・マクドナルド（John Macdonald 1779－1849 年）は 19 世紀前半のスコットランド・ハイランド地方における，傑出した説教者だった．彼が行った福音伝道キャンペーンによって，ディクソンがここで使用している「北方の使徒」という称号で呼ばれるようになった．

学びのための問い

1. あなたの教会は，霊的配慮のために，効果的に組織されていますか？ もしそうでないとすれば，神の群れを牧するためにあなたが立てる計画を進展させるために，どんなことができるでしょうか？

2. 「適材適所」．あなたの長老会ではその義務をどう割り当てていますか？ 長老たちの賜物と，彼らが奉仕するために召されている部所とが，うまく合致しているでしょうか？

3. 効果的な長老たちは，人々を霊的な対話に引き入れる方法がわかっています．長老が，自分が世話をする人の霊的な状態を診断するための質問に，ふさわしい問いかけをいくつかあげてください．

4. 「主が，わたしたち長老に託された教会員らの魂の救いについて，わたしたちの民の皆に語ることができる愛と力の御霊を授けてくださるように」最近の一週間，ないし一か月間に，あなたが教会員たちと交わしたいくつかの会話を吟味してください．あなたはどのように彼らの永遠の命への関心を示しているのでしょうか？

5

長老による通常の訪問

　長老の訪問の平均的な頻度は，その地域ごとの特性や長老が自由に使える時間，また訪問の仕方にもよります．ある長老は，三か月に一度，あるいはおそらく多くの場合は半年に一度，自分の担当地域の全家庭を訪問すれば十分です．しかしながら，訪問頻度が多かれ少なかれ，各長老は計画を立て，それを実行すべきです．もちろん，選ぶ日程や時間は，人々にとって都合のよい日時でなければなりませんし，訪問先の一家の予定が妨げられることなく，家族全員が揃っている時がよいでしょう．訪問の意図を予め伝える長老もいますが，事前に訪問の趣旨を伝えない方が，長老にとっても会員の側からしても，ずっと気楽で自然体になれるでしょう．

　近年，多くの教会で，昔ながらの「トークン（※陪餐許可の証明となるメダル）」を与える習慣を廃止し，その代わりに，各聖餐式の前に陪餐者にカードを配るという方式が採られています．この方式の大きな利点の一つは，この方式が忠実に実行されれば，確実に全教会員を定期的に訪問することができる点です．教会によっては，礼拝中に聖餐に与るその前に，これらのカードを引き換えます．交換されない場合もありますが，その場合でも，カードはトークンの代わりに使われます[27]．

---

　27)　19世紀の頃は，スコットランドの教会の多くは，一年に一度か二度しか聖餐式を執り行いませんでした．聖餐の聖礼典に与るためには，教

この方式を実際に経験した人たちの間では，陪餐者カードはおおむね好評でした．長老が実際に担当地区を訪問するのは半年おきで，各家庭での滞在は約 30 分程度ですから，早めにカードを配布しはじめれば支障はないでしょう．もちろん，長老が病気になったり，急用が入ったりと，明白な遅延の危険性もあります．万が一，あたかも郵便配達人や徴税人のように玄関口で，礼拝開始時間の 11 時になって慌ただしくカードを手渡さなければならないようになったとしても，全く訪問しないよりはまだまし，としか言えません．

　しかし，時間厳守で，注意深く，教会員の名前や住所を正確に把握し，聖餐に与った人たちを確認しつつ慎重に行われるなら，この方式はうまく機能します．そして，訪問する時期としては，間違いなく聖餐式の直前ほど相応しい時はありません．

　長老は，貧しい人たちも裕福な人たちも，あらゆる人たちを訪問すべきです．とても温かく迎えてくれる家庭にはより頻繁に訪問しがちですが，長老の訪問が有益となるのは，そのような人たちとは限りません．貧しい人たちを重点的に訪問すればよいというわけでもありません．裕福な人たちは長老に軽視されがちです．この世界には，たとえ裕福でも非常に孤独で，キリスト者による共感や思いやりを必要とする人たちが大勢います．楽しく明るい訪問者は，彼らに太陽のような輝きと祝福をもたらすことができます．孤独な生活自体に悪弊や誘惑は付き物ですから，助言や指導が必要です．かなり前になりますが，あるキリスト者の女性は「もし私が貧しかったら，長老はもっと訪問してくれるのでしょうか．でも，もしすべ

　会員は自分たちが長老によって聖餐式への参加が許可されていることを証明するカードかトークンを持参しなければなりませんでした．これは，健全な霊的な配慮を促進し，また教会の規律を保持するために企画されました．しかしながら，そのシステムが効果的に機能するためには，聖餐式に先立って，長老たちが勤勉に担当地域の教会員たちと面会し，彼らを審査しなければなりませんでした．

てをわかってもらえたとしたら，皆さんと同じように，わたしも訪問を必要としているのがおわかりいただけます」と言いました．富裕層の人たちを訪問することは，長老自身にとっても非常に有益です．貧しい人たちだけを訪問することのほうがより容易ですが，より有益であるわけではありません．

　定期的に充実した訪問計画を実行するよう努める一方で，ときどき手短に訪問するのは無益だと考えるべきではありません．その考えは大間違いかもしれません．わたしたちが責任を担う人たちに対しては，彼らの家に入って，腰を下ろすことがほとんどなくても，快く立ち寄って顔を合わせるだけでも，相当なことができます．

　訪問するときは，1分でも惜しむかのような，あるいは，すぐにでも失礼したいかのような無作法な振る舞いは絶対に慎みましょう．それは失礼なことで，相手を傷つける態度です．長老は迎え入れられた家に，何とかして天の輝きがもたらされるよう努めるべきです．子どもは逃げたり，隠れたりせず，最初に長老を出迎えてください．両親だけでなく，子どもたちも皆，同じく長老の人格的な友なのです．

　訪問時の会話は長老の職務と目的に適ったものでなければなりません．会話は，温厚にかつ快活に話せば話すほどよいでしょう．それはキリストの福音に相応しくということです．[28]「口先だけの言葉は欠乏をもたらす」（箴言 14：23），「いつも，塩で味付けされた快い言葉で語りなさい」（コロサイの信徒への手紙 4：6），「兄弟愛を持って互いに愛しなさい」（ローマの信徒への手紙 12：10）など，わたしたちの会話を導く聖書の言葉がいくつもあります．わたしたちの会話は，有益で，それでいて快く，生き生きとした，興味深いものであるべきです．つまり，塩で味付けされた恵みの言葉の対話でなければなりません．わたしたちが何か善いことをしよ

28）　言い換えれば，要するに，長老たちはできるだけ温厚で，快活であるべきです！

うとするなら，わたしたちは教会員の心に届かなければならないのですから，堅苦しく形式的な会話や，ましてや気難しくもったいぶった会話などは避けなければなりません．

聖徒には明るさこそが相応しいですし，もし主の御顔に照らされて終日歩むならば，わたしたちはもっと明るくなるでしょう．こうして，特に若者に対して，晴れやかな顔で真理を証示しましょう．部屋を貸して生計を立てていたある善良な婦人が，下宿していたキリスト者青年の明るさによって信仰に目覚めさせられた，と言いました．彼の心から湧き出る喜びの源泉は，彼女の知らないものでした．あなたはこれまで，快く，温和な，ユーモラスでさえある言葉の力が，閉ざされた心に風穴を明け，神の真実の種を蒔くことができるようにするのを目の当たりにしたことがありますか？ まったく心地のわるい愚かな会話や下品な冗談は避けながら，もし物事の分別や謙虚さが伴っていれば，ユーモアの気質は，キリストに備えられた大きな賜物となります．他の人たちがそうであったように，スポルジョン氏[29]はその賜物を授かった人物のよい例です．ユーモアが少しもない健全な心と魂など，まずありません．

わたしの友人の一人は若い頃にウィルバーフォース[30]とよく会いました．

---

29) チャールズ・スポルジョン（Charles Spurfeon 1834－1892 年）は有名なバプテスト教会の牧師であり，1854 年から 1861 年までロンドンにあるニュー・パーク・ストリート・バプテスト教会で，また 1861 年から 1891 年までメトロポリタン・タバナクルで，大勢の会衆に向かって説教を語った．彼は何度もスコットランドを訪問し，特に夏場には，スコットランド北部の田舎で過ごした．彼はしばしば絶望感に襲われつつも，人々の前では元気で，とても霊的に満ちた姿を見せた．

30) チャールズ・ウィルバーフォース（Charles Wilberforce 1759－1833 年）は英国教会内の福音派のキリスト者で，奴隷貿易廃止のための協会を組織するため，英国人クエーカーに加入した人物．この協会は議会に対して毎年，廃止法案を提出し，ついに 1807 年に法案は可決し，奴隷制度が廃止された．

一人ひとりに対して彼以上によい働きをした人はまれです．また，そのわたしの友人が言うところによれば，彼の「応接間の説教」には最も貴い奉仕のために聖化された彼の明るさとユーモアが溢れていました．自分の公の働きの中にも，そこに有益な活動領域があると自覚していたため，周囲の人たちと自由に交流することを避けたことは決してありませんでした．時間的な余裕がないと言って，快楽的な社会に関わり合おうとせず，神に捕らえられた近親者や友人らとの交流だけを保とうとするある人たちの傾向は，わたしたちの主の教訓や模範から是認されるわけにはいきません．彼らはそのための時間も持つべきです．なぜなら，ふれあうことによってこそ，酵母が広がり，全体が発酵するように，人との接触が大切だからです（マタイによる福音書13：33）．

　交流の仕方ももちろん，交流の中味も非常に重要です．教会員の事について話しをする際は，教会員のゴシップには気をつけましょう．「A君はBさんと本当に結婚するの？」といった質問は，尋ねたり答えたりすべきではない類の質問の一例です．もしそれがよい事柄でもなく，教会の徳を高めることでもないのなら，他人のこと，特に隣人たちのことに言及するのは，できるだけ避けるべきです．長老は，前回の聖日の説教や教会の働き，最新の教会の月刊誌や他の定期刊行物の記事などに話を向けて，そうした噂のおしゃべりの類を慎みましょう．[31] その折々の日刊紙やテレビの中での，その日の出来事や話題の中にも，とても有益となる話題を豊富に見つけ出すことができるでしょう．薄い手引書のたぐいに期待しすぎたり，頼りすぎたりせずに，日頃から六十六巻から成る聖書を読むことの大切さこそ役立つことを証ししていきましょう．[32]

---

31)　スコットランド合同自由教会によって『国内外の宣教活動の記録』が出版された．

32)　ここでディクソンは，聖書からの聖句や章句から成る小冊子やパンフレットについて言っています．彼は人々に，聖書の一部ではなく，聖書全体を読んで欲しいと願っていました．

家庭の一人ひとりと個別的に関わり合っている，それぞれの忠実な長老の責務については，すでに言及してきました．これは個別的に行うべきですが，子どもたちが一緒に居合わせる場合にも，熱心に信仰の話をする機会はたくさんあります．多くの人が話したがらないような話題のため，両親にも心を開かなかった自分の心にあることについて，語り合いたいと密かに期待している若い熱心な求道者たちが，その場にいるかもしれません．わたしはかつて，あるキリスト者の母親から，この点について穏やかな叱責を受けたことがあります．あまりにとりとめもない会話をした後で，わたしは聖書を読みましょうと提案しました．母親は「あの……わたしはあなたが聖書を読まずに帰るのではないかと思いました．最近，子どもたちの魂のことで，とても気がかりだったものですから」と言いました．わたしたちが冷淡であったり，臆病であったりするために，わたしたちがただ一つ必要なことに対してすら役に立たないことがしばしばです！

訪問に聖書の説き明かし（エクササイズ）が不可欠というわけではありませんが，わたしたちの訪問は「神の言葉と祈りとによって聖なるものとされるのです」（テモテへの手紙一4：5）．聖書を読み，その箇所について少し話を加えることができればとてもよいのですが，その話は，家庭的で，実践的で，しかも興味深く，簡潔でなければなりません．時には聖書の言葉を引用するだけで十分です．祈るときは，冗長な前置きや，堅苦しい決まり文句などは避けるべきです．特に，家庭の状況や家族の一人ひとりの状況，またそこにいる人のこともいない人のことも，祈りに覚えるべきです．

訪問先には，見知らぬ人がいたり，その家庭を訪問していた先客がいたり，あるいは近所の人が立ち寄っていたりすることもあります．先客の彼らとも話しをしましょう．彼らは，まさにその目的のためにその場に導かれていたのかもしれません．訪問の際に，たまたまその家庭に立ち寄っていた隣人が，その時読まれた聖書の言葉に捕らえられたことがあったと，以前，ある友人が話してくれました．主は失われた銀貨を見出すために，

そのような手段もしばしば用いてくださいます（ルカによる福音書15：8
－10）.

　数年間，わたしは多くの慰めと満足が与えられる計画を実行してきまし
た. ある兄弟姉妹にとってはその計画は実行不可能であるとわかっていま
すが，他の兄弟姉妹たちには実行することができるものです. その計画と
は，毎週の主の日の夜の一時間を担当地域に暮らす一家族と共に過ごすと
いうものです. 教会で会った時に，その家庭にわたしが夕べに訪問しても
よいかどうか都合を確認し，自分の家で家庭礼拝をまもった後，夜八時に
その家庭を訪問します. その家庭に子どもたちがいれば，わたしはまずは
少しの時間，カテキズム教育を子どもたちに行います. 子どもたちも両親
もとても熱心に参加してくれるように思われます. 子どもたちに伝える教
育内容もさることながら，両親に家庭でのキリスト教教育の題材と方法に
ついて示唆を与える機会にもなることがわかりました. カテキズム教育が
終わったら，家庭礼拝のように，讃美し，そして年老いた者たちや若者た
ちのことを配慮しながら，聖書を短く読み上げ，それから，特に親元を離
れて暮らしている家族を覚えて祈る，そうした家族全員向けの簡素な聖書
集会を行います. その後，子どもたちはその場から離れ，両親と話す時間
を少し持ちます.

　こうした安息日の夜の訪問から帰るときはいつでも，この計画を始める
ように導かれたことや，安息日にこのような善いことを行うのが律法に
適っていることに感謝せずにはいられませんでした. 安息日の休息と特権
がこうした働きによって長老の心の中で見事に調和しているのですから，
それは長老にとって最良のときです. それに，その家庭にとっても最善で
す. 家族は皆だれもが家にいて，手が空いており，長老の訪問を心待ちにし，
それに何ら妨げとなるものもなさそうです. このように安息日の夕べに静
かな暖炉の傍に集う家庭を訪問し，テーブルの上には家庭の聖書が用意さ
れているなんて，なんと喜ばしく，心地よいことでしょう！ これらすべ
ては，かつてスコットランドをすばらしい善良な国家とした家庭のキリス

ト教信仰を思い起こさせますし，これがいつまでも継続し，たえず新たにされるなら，さらにもっと，喜びと祝福を世界全体にもたらす国となるでしょう！ 国の幸福と繁栄が，どれほど家族に依存していることか！ 保育園や学校，組合や避難所，小さな教会といった施設をはじめ，一族の紋章も，どれもみな家族に依存します．一部は天国に，そして一部は今も地上にいる「すべての家族」（エフェソの信徒への手紙3：15）に！

　家庭を訪問するときに考慮しなければならない他の事柄がありますが，それは後で取り上げることにします．

 学びのための問い

1. あなたの教会では，通常の牧会訪問のために，どのような計画が実行されていますか？ その計画は効果的にどのように実行されているでしょうか？

2. 「長老はすべての民を訪問すべき」とあります．あなたの教会では，どういう人が，見落とされがちであったり，行き届いていなかったりしますか？ あなたが訪問しようと特に計画を立てる必要のある人が誰かいますか？

3. デヴィッド・ディクソンは，長老による訪問を効果的にするために，どのような実践的な助言を与えていますか？ 彼の示唆に対して，あなたの方で加えたいと思うことが何かありますか？ あなたの教会の教会員を訪問するのに，あなたにとって最善な時間や場所は「いつ・どこ」でしょう？

4. ここ数か月間で，あなたが教会員らと過ごした私的な時間を吟味してください．あなたが交わした会話は霊的な事柄に照準が合っていたでしょうか？ あなたは聖書（の言葉）を的確に用いたでしょうか？ あなたは子どもたちと親しい関係を築こうとしているでしょうか？

6

長老による病者訪問

　高齢化，疾患や病気の長期療養といった課題を抱える人たちは，おおよそどの地域にもいます．病に臥す生活は魂にとって必ずしも良好ではありません．彼らは神の家の恵みを奪われ，しばしば非常に孤独感に苛まれて，一般の家庭よりも頻繁に訪問される必要があります．彼らには，長老に優先して時間をさいてもらえ，共感を求めることができます．しばしば気弱になったり過敏になったりしますから，彼らは優しさに敏感で，その優しさに感謝を覚えます．ある人は真理について体系的な指導を受けたいと願うかもしれません．長老は，このような学びが必要とされていない状況であっても，大切な真理について何かしらわずか一言でも話をすることが，継続的な訪問により大きな意義や関心を増すことにつながると気づくでしょうし，それは必ずや実を結ぶでしょう．病床で回心する人たちがたくさんいますし，時には臨死の床で（人が判断できる限り）回心する人も現れる，とわたしは確信します．そうした出来事だけでなく，病者のベッドの上で，主が御自分の民を栄光へと成熟させてくださることを，すべての長老たちは知っています．それはしばしば長老自身にとっての学びと回復の場面となります．リチャード・セシルは，自分がこれまで学んだなかで最も優れた教えのいくつかは，信仰者たちの病床で学んだものである，と言いました．そして，多くの長老たちも異口同音に同じことを言うこと

でしょう[33].

　いのちの御言葉の中から，豊富な示唆やさまざまな慰めの言葉を語ること以外にも，彼らに適切な本をお貸しするのもよいかもしれません．また何人かのキリスト者の隣人に協力を依頼するのもよいでしょうし，彼らが親切で，朗らかで，諸々の信仰の事柄において経験豊富な人たちならば，ある面では，長老よりも効果的かもしれません．少なくともわたしの経験上ではそうでした．神経の衰弱は魂に影響を及ぼします．たとえば，シオンの慰めの歌（詩編 137:3）を何曲か歌える子どもたちと病人を見舞えば，精神的に滅入っている病人たちには，薬局が処方する薬よりも効き目があるかもしれません．

　後日，ある長老がわたしに教えてくれたのですが，彼は毎年，新年の元日に，数時間をかけて，病気の友人たちを見舞い，ささやかな贈り物を差し上げ，優しい言葉をかけるそうで，そのことが，休日を少しも心からは喜べなかった友にとって励ましとなり，多くの面で回復させることになったとのことです．これは，「受けるよりは与える方が幸いである」（使徒言行録 20:35）のですから，わたしたち自身にとっても，休日を幸いな日にする仕方の格好のヒントです[34].

---

33) イングランド人のリバイバル伝道者リチャード・セシル（1748−1810年）によって出版されている著作には，『牧師から自分の教域（パリッシュ）の働き人へ，友としての助言（*Friendly Advice from a Minister to the Servant of His Parish*）』（1793 年）や『誠実な牧師の個性と称賛（*Character and Commendation of the Faithful Minister*）』（1808 年；これはジョン・ニュートンの死に関しての説教である）がある．

34) ［訳者註］この段落は，古い 1974 年版では次の文章が記されていたが，2004 年の最新版では削除された．「特に貧しい人々を訪問する人は，ある程度，病気についての知識を持ち合わせているのがよいでしょう．少なくとも，脈は測れたほうがよいですし，いわゆる健康法についての知識が少しあれば，なおよいでしょう．見舞う人は，容体について分を越えた考えを述べないように警戒すべきです．病人の健康状態について不注意な言葉を述べることは回復について間違った希望を与えたり，傷つ

病人や病弱な人たちを見舞う際には，大声で騒々しくしたり不意に訪問したりするのは避けましょう．たいていの場合，低く穏やかな声が彼らにとって心地よく，落着きます．弱気になっていたり，神経質になっていたりする人にとっては，なおさらです．長時間にわたって集中力を強いたり，緊張させたりしないようにしましょう．それに，話題を変えるときは，ごく自然に，気楽に変えるよう心がけましょう．長居をすべきではありませんし，彼らの心に届きそうな聖書の言葉を一箇所朗読し，共に祈った後，ただちに去るのがよいでしょう．

場合によっては，近所の方たちも招いて，その方の病室で短い礼拝をささげるのもよいでしょう．病気の方たちはこれをとても喜んでくれると思いますし，この小礼拝は，かつて自分たちが神の家に通い続けていたときの喜びを，彼らに思い起こさせます．それに，二人，三人が主イエスの御名によって共に集えば，それは公的な礼拝です．

もちろん，緊急で重篤な病気は，長老の特別の配慮を必要とします．「あなた方の中で病気の人は，教会の長老を招いて……祈ってもらいなさい」（ヤコブの手紙 5：14）．病人またはその家族がいつでもこの命令に聞き従うわけではないことが悔やまれます．長老は彼らの言うことに傾聴すべきである，との誤った先入観があります．ましてや，そのようなことは家族のかかりつけの医者には期待されていないことです．しかし，長老はそのような病気の知らせを聞いたときは，直ちに見舞うべきです．一日の遅れや，あるいは一時間の遅れですら，長く後悔の念を引きずることになるかもしれません．[35] 牧師もできるだけ速やかに事情を伝えられるように留意すべきです．

父親との死別や夫との死別などで，嘆きの中にある人たちを見舞うこと

けたりするかもしれません」．

[35] ディクソンは，普通の病気でも死に至ることも珍しくない時代のことを書いている．

は，わたしたちの特権かつ義務であって，わたしたちは傷ついた心を包み込むのに相応しい神の言葉のメッセージを伝えます．突然の深刻な悲嘆の出来事の中で，憐れみ深い誠実な大祭司の，その苦痛に寄り添う御言葉を伝え，そしておそらく苦しむ者の手をとりながら，わたしたちは泣く者と共に泣く以外にできることはほとんどありません（ローマの信徒への手紙12：15）．しかし，その共感の行為にこそしばしば，深い嘆きや苦痛を和らげ慰める，素晴らしい力があります．

　救いの相続人たちへの牧会のために遣わされる救いの諸霊（すなわち，天使たち，ヘブライ人への手紙1：14）について，わたしたちはほとんど何も知りません．しかし，わたしたちはしばしば天使たちと隣り合わせにいるのではないでしょうか？なぜならこれは，天使たちと同様に，わたしたちの特権でもあるからです．天使たちには行う権限のないことを行うこと――すなわち臨終の信徒の傍に座り，枕をきちんと整え，唇を湿らせ，陰の谷をゆくときも主の鞭と杖が助けてくださることを思い起こさせ（詩編23：4），そして死にゆく眼差しをイエスに向けさせること――は，体は一つ（コリントの信徒への手紙一12：12，ローマの信徒への手紙12：5）である，わたしたちの領分です．これらすべては，わたしたちが天国には託せず地上でこそできる貴い奉仕です．

　救いの相続人を牧会することは，わたしたちの主から授かっている栄誉であり，また特権であることに気づいているでしょうか？わたしたちのために御自分を低くしてくださる主イエス御自身に対し，わたしたちは進んで思いやりを表明しようとしてきたでしょうか？わたしたちは，果たして，主イエスに宿をお貸しし，温まってもらおうと暖をとらせ，食べ物を差し上げようとしてきたでしょうか？「わたしの兄弟であるこの最も小さい者の一人にしたのは，わたしにしてくれたこと」（マタイによる福音書25：40）なのですから，この愛の奉仕は，今もわたしたちにもできることです．

おお，主はわたしを連れ立とうとしてくださる，

親愛なるご自分の弟子たちの足を洗おうと．

へりくだられるわが主につき従い，

聖徒らも後から続き来たるのを待ち望みつつ．

御使いたちに与えられる恵みを喜び，

かくして，天の王君の継承者たちに仕えよ！

　牧師と共に，長老も，家族にとっての苦悩の時が祝福の時となるよう努めます．試練そのものが聖化させるわけではない以上，いつでも，必ず，祝福の時になるとは限りません．しかし，そのような時にこれまで聞く耳をもたなかったことに耳を傾けようと心が突き動かされ，開かれます．それは，しばしば一家の歴史の危急の時となります．そのような時にこそ，魂に勝利を得るような知恵を，わたしたちは求めましょう．そのときのわたしたちの親切や共感はどうしても忘れられないものとなるでしょう．死別をまざまざと実感されるのは感情の高まりが冷めてからです．空の座席，ひっそり静まり返った家は，寡婦たちや孤児たちに寂しい思いをさせます．死別を経験した人たちには，冷淡で利己的な世界の中でも，少なくとも長老という一人の心の友がいることを実感していただきたいのです．わたしたちはときどき夕方に立ち寄り，一緒に家庭礼拝をすることができます．「父母はわたしを見捨てようとも，主は必ずわたしを引き寄せてくださいます」（詩編 27：10）との約束を幾分かでも果たせれば，と願いつつ．

　わたしたちは悲しみだけでなく喜びも家族と共に分かち合いましょう．パリッシュでの結婚式に招かれることは，わたしに親族並みの感情を抱いてくれている証ですから，嬉しいことです．人々と親しくすれば，そうした事（結婚）についてもしばしばアドバイスを求められるでしょうし，障壁や流動的な問題を彼らが克服するために手伝えることにもなるでしょう．「ただ主に結ばれて」（コリントの信徒への手紙一 7：39）という御言

葉を心に留めましょう[36]．以前に比べ，昨今は，家庭を築く前から経済的に裕福である必要があるようです．そうでなければならないというのは非常に残念です．結婚は非常に尊く，若い世代が「狭小住宅（but and a ben[37]）」から始める余裕しかないとしても，人が独りでいるのはよくありません．飾り付けや備品に必要以上に支出するのは，富裕層だけに限られたことではありません．赤ちゃんの誕生は，尽きない喜びの源泉です．こうした主からの新たな授かりものは，わたしたちに喜びの共感を呼び起こします．幼児洗礼のときに受け入れる厳粛な誓約と，その誓約を守る義務を思い起こしていただきたいのです．幼児洗礼を授けられたときの感動を深めるべきです．主はご自分の民を訓練するために，家族の苦悩をもしばしば用いられ，長老の担当地域でも，幼い子どもたちの場合など，「天の国はこのような者たちのものである」（マタイによる福音書 19：14）というみ言葉が成就する事態がしばしば起こります．

---

36) ここでディクソンが指摘しているのは，キリスト者たちは他のキリスト者たちとしか結婚しないかもしれない，ということである．

37) 『オックスフォード英語辞典（*Oxford English Dictionary*）』によれば，「『but and ben』という言葉は，家の構造についての独特な言い回しで，かつては北方の地域で広く見られた．そこでは，外に出るドアが一つだけあり，そのため台所を通って居間に入り，また居間を通って，奥の部屋や寝室，その他の部屋というのが普通だった」と記されている．

学びのための問い

1. あなたの教会や長老会は引きこもりの人たちや病者にどれほど効果的な配慮をしているでしょうか？ あなたは病気で苦しんでいる人にほどこす実践的かつ霊的な配慮をどのように改善できるでしょうか？

2. 神が霊的な成長を促すために病いをも用いられる事例をいくつかあげてみてください．人々が嘆きや試練から最善の霊的な益を得られるよう，長老たちはどのような手助けができるでしょうか？

3. ディクソンは病者への効果的な訪問のために，どのような実践的な示唆をしていますか？ それに加えるものがありますか？ 病者に持っていくのに「相応しい書物」とはどのような本でしょうか？

4. あなたの教会では結婚に備えるカップルをどう支援しますか？ この状況であなたは霊的な配慮を，どのように改善できますか？

5. 赤ちゃんが生まれた家族を支援するために，あなたの教会では何をどう行いますか？ あなたは両親が幼児洗礼を準備するのをどう支援しますか？ 家族に対する全体的なつとめのために，どんな改善が必要でしょうか？

7

家庭礼拝，若者，求道者，使用人

　長老は，すべての家庭で家庭礼拝が定着することを願っています．家庭礼拝は，家庭内の秩序，親の統率力や指導力，家庭の信仰継承にとって非常に有益です．若者が独立して生活を始めるときは，どこに住むにせよ，神に礼拝をささげる祭壇を神が備えてくださることをわきまえるよう勧められるべきです．すでに家庭礼拝を行っている人たちには，単調さや形骸化を防ぐために，若者にとってもっと興味を惹く有益な家庭礼拝を守るための手掛かりを与えると良いでしょう．たとえば，家族で順番に聖書を読むことがあげられます．家庭礼拝を守るように親切に勧めることは，まだ主イエスの名を呼び求めたことのない各家庭に，神の祭壇が築かれることにもなるでしょう．

　短くても，定式によらない自由祈祷がよいのですが，家長にとってそれが難しく，無理だと感じられるのであれば，記された定式の祈祷書などを読むことを勧めます．[38]長老は，家庭の祈りでは，特定のときに，特定の事柄を覚えて，祈るように勧めます．たとえば，土曜日の朝には安息日の働きを準備する牧師のため，またユダヤ人の改心のために，祈ります．安

38）「定式」という言葉でディクソンが意味しているのは，すでに印字されて用意されている祈祷文のことであり，信仰書や祈祷書などの中で，誰でも見出すことができるようなものである．

息日の朝には，海外の宣教師のため，また日曜学校教師と子どもたちのために祈ります．

　聖書を読み，祈るだけでなく，讃美歌も歌うようにします．長老主義は淡々としているという声もありますが，必ずしもそうでなければならないことはないでしょう．「いかに幸いなことでしょう．勝利の叫びを知る民は」（詩編89：16）と声を合わせて讃美するとき，家庭礼拝に輝きが増します．信仰の霊的復興が起こるところには必ず讃美の霊的復興が起こります．讃美は家庭に明るさを生み出しますが，近隣にも良い影響を与えるかもしれません．住居から聞こえる神への讃美は，キリストの御旗のように聞こえます．「真夜中ごろ，パウロとシラスが賛美の歌をうたって神に祈っていると，他の囚人たちはこれに聞き入っていた」（使徒言行録16：25）．フィリップ・ヘンリーは，それはラハブが窓に結びつけた真っ赤な糸のように（ヨシュア記2：21），敬虔，信仰を表す方法であると言いました．[39]

　もう一つ，長老の大切なつとめは，子どもたちの教育に関心をもつことです．家庭のある長老ならば，子どもたちに対する週間暗証句の教育や通学する学校のことや，なるべく長期にわたって教育を受けさせることや，読むべき本や良い友人を選ぶことなど，教育について有益な示唆を与えることができるでしょう．彼は，幸せで魅力的な家庭を築くことの大切さを両親に勧めるべきです．そうすることで，両親が子どもにとって一番親しい友人であり，何ものも親から子どもを引き離すものはなく，悪い習慣が身につくこともなく，こっそり隠れて悪い本を読むこともなくなります．両親は自分の子どもたちの子育てに心を砕かなければなりません．もし両親が子どもたちの幼い頃の子育ての労苦を厭うなら，その子たちは年齢を重ねた後，きっと両親に労苦をもたらすことでしょう．

　39）　フィリップ・ヘンリー（Philip Henry 1631－1696年）はピューリタンの聖書註解者としてとてもよく知られているマシュー・ヘンリーの父親である．

7. 家庭礼拝，若者，求道者，使用人　75

　それにもまして，長老は，子どもたちの信仰教育に特別な関心を払うことは自分の責務であると感じるでしょう．洗礼の際には，両親だけではなく，教会も責任を担います．受洗した子どもたちは教会の子どもたちであり，彼らは目に見える教会の一員として教育されなければなりません．羊だけでなく小羊たちも養われなければならない，というのが主のご命令です．このことがあまりにも軽視されたため，幼児洗礼の反対者たちに口実を与えてきました．両親の指導によって説き聞かせたり，それぞれの教会で子どもたちや青年たち向けの集会で何度も繰り返し説き聞かせながら，キリストの教会は，この幼児たちを目に見える教会の群れに迎え入れた際に請け負った責務を懸命に果たそうとしなければなりません．両親が親としての責任を教会に負わせることができないように，教会が勝手にその義務を両親に転嫁することなどあってはなりません．

　長老は，自分の担当地域に暮らす子どもたちが神の言葉に繋がれ，ウェストミンスター小教理問答の真理を自分たちの理性にも心にも吸収し，そして，子どもたちが両親と一緒に毎週教会に集い，説教を理解するのを目の当たりにすることになるでしょう．長老は，教会の日曜学校での子どもたちの様子について尋ねるべきですし，それに，子どもたちの出席率は，牧師や長老が出席を促すことによります．だからこそ，長老は日曜学校に顔を出すのが望ましいのです．幼子に小さな本や小冊子をあげても喜ばれますし，長老は，次の訪問の時に暗唱できるように聖書の言葉や詩編の言葉，または讃美歌の言葉を，子どもたちに与えるのもよいでしょう．その地域に子どもたちが大勢いるなら，時には，長老の自宅に子どもたちを招いて集会を催すのもよいでしょう．

　自分の担当地域で，家族と自宅で暮らしていたり，家族と離れて下宿で暮らしていたりする，若い男性たちや女性たちも配慮されなければなりません．彼らの永遠の関心事や，自分たちの伴侶の選び方，それに生活習慣や人間関係の築き方などに関して，長老の影響は一生涯に及ぶ益となるかもしれません．実家を出てある家庭の使用人になる娘たちに，また，見知

らぬ人たちのただ中に出て行こうとする息子たちに，長老は彼らが身を置く状況に相応しい小さな書籍を贈呈したり忠告したりしながら，励ましの言葉をかけるべきです．

　魂をめぐる事柄には潮目があります．つまり，多感になる時があります．このことは 16 〜 20 歳の間に数多くの回心者が与えられることからも明らかです．「悪魔には，若者の心の内なる密室に仲間がいる」ため，長老はそうした若者には，彼らの世代特有の誘惑に気をつけ，音楽や感傷の網を拡げて宗教を芸術風に変えようとする教皇派[40]や，儀式主義の魅惑的な影響力に気をつけるように，と忠告しましょう．それらは稚拙なことかもしれませんが，稚拙なことほど，しばしば威力があることがあります．とりわけ，長老は，聖霊の恵みに依り頼みつつ，青年を主イエスのもとへと導き，そうすることで，彼らは自分たちの選択のめあてを絶えず主に定め，その時はじめて，彼らは安全になるでしょう．わたしたちの友人の一人が，回心した青年に言いました．「主イエスにおいて支えられますように！」と．すると青年は「ええ，もし主イエスがわたしをずっと支えられなかったならば，主イエスはわたしを捕らえてはくださらなかったでしょう」と応えました．

　牧師の言葉は，どの社会的な階層の人たちにも影響力があり，幸いなことに，わたしたちのもとでは，牧師は，その人となりとしてはもちろん，その職務にも尊敬の念がもたれています．しかし，長老の適切な助言が親切心から語られ，それが真心からのものであると感じ取られるなら，説教では届ききらない良心にもふれられるでしょう．長老の職務も言葉に重みを与えますが，どういうわけか，長老の人柄も相乗効果となって，時には牧師の人柄よりも効果的に，言葉を伝えるのに役立つでしょう．これは若

40）　ディクソンが「教皇派」という表現を用いて言及する場合，ローマ・カトリック教会について，とりわけ，地上におけるその頭である教皇について言及しようとしている．

い男女にとっては特に言えることです.

　約束は，わたしたちのために，そしてわたしたちの子どもたちのために与えられています．旧約のもとでも，子どもたちへの契約の中に特別な祝福がありましたし，さらに豊かで，さらに貴重で，さらに幅の広がりのある新約の摂理のもとでも，それに勝るとも劣らない祝福があります．以前，ある母親がわたしに，自分の心が神に引き寄せられたきっかけは，信仰者の子どもたちに注がれる神の契約のやさしさである，と言いました．明らかなことは，旧約・新約のいずれの摂理のもとでも，理解できる年齢に達した子どもたちにとっては，実際の本人の信仰をとおして，昔も今も，救いが恵みとなることです．しかし，信仰者である親にとってはなんと貴い励ましとなるでしょう！しかも，実際の問題，教会に加わる人たちの内でかなりの比重を占めているのが信仰者である両親が築いた家庭の子どもたちであるというのは，周知の事実です．そんな彼らの死から生への道のりを，彼らの身近にいる人たちがほとんど全く気にかけていない事例がどれほど多いことでしょう．たいていの場合，彼らは最も堅固で最も知的な教会員となっていくのですから，わたしたちはそのことをしっかりと認知しなければなりません．信仰者である両親は，洗礼において主に献げた子どもたちが皆，回心の恵みによって主のものとなることを，ただ望み，ただ祈るだけでなく，確信をもって期待すべきではないでしょうか？

　昨今，キリスト者である両親が自分の子どもたちのことを心配するのはもっともです．時勢の流れが，若者たちの異様で早熟な成長を駆り立てています．かつてより早い時期から，世俗的な快楽を刺激する風潮——つまり「肉の欲，目の欲，生活のおごり」（ヨハネの手紙一2：16）——から影響を受けます．ある日，通りを歩いていると，幼子にいたずらをしている少年を見かけたので，わたしは叱責しました．すると少年は「あんたは何様のつもりだぁ？警察のつもりか？」と喰ってかかってきました．最近は，義務よりも権利が話題にのぼり，子どもたちが両親に聞き従うよりも，むしろ両親の方が子どもたちの言いなりです．あまりに多くの子

どもたちが「親に逆らい」（ローマの信徒への手紙 1：30），「軽率になり，思い上がり」（テモテへの手紙二 3：4），長老は，幸いにして十戒の第五戒（「父と母を敬え」）が無効になってはいないことを，子どもたちにも両親にも思い起こさせなければなりません．両親はエリを覚え（サムエル記上 3：13），子どもたちを怒らせないように叱責し，一方において挑発しないようにしながら（エフェソの信徒への手紙 6：4），他方で，諫め，助言しなければなりません．両親は，家庭を子どもにとって最も幸せな場所にすることによって，魂の敵に対抗するとともに，子どもたちが神の救いの喜びを味わうことができるよう，また，繁華街や劇場の娯楽より，もっと大きな喜びが与えられ，世俗的な欲の腐敗を回避することができるよう，神の導きを熱心に祈らなければなりません．

　かつては，自分の両親を愛するよりも恐れ敬うようにと息子は育てられ，父親たちにはそれなりの威厳がありましたが，今日では，あまりにも寛大すぎたり，敬意が失われていたりすることが多々あります．しかし，特に父親らは，幼い頃から息子たちの最も親しい友となり，仲間となって，自分の息子たちの愛情をしっかり掴んでおくよう助言されなければなりません．「愛の絆」は，彼らを導く「人間の綱」です（ホセア書 11：4）．厳格で鉄のような規則は聖書的でも賢明でもなく，むしろそれによって，キリスト者の家庭の中でもすさんでいく子どもたちの実例をたくさん見ています．

　長老は，家庭内の若い世代にとって，安息日を楽しく，有益にするための手掛かりを尋ねられることがよくあります．これは，どの両親もわかっているように，難しい問題です．なぜなら，子どもたちは，安息日の主を愛するようにならなければ，「珠玉の日」として，また霊的な恩恵として，安息日を愛するようになることはないからです．しかし，憂鬱は敬虔に相応しくはなく，朗らかさは罪ではないのですから，子どもたちが安息日を憂鬱な日と思わせるままにしておいてはなりません．子どもたちが思う安息日を，できるだけ多くの楽しみで包みましょう．じっとしていられない

幼子にはいろいろなことに取り組ませ，興味深く聖書物語に耳を傾けさせ，讃美歌を元気よく歌うようにしていきましょう．両親がこのことに時間を割いて考えることは，とても価値のあることです．

　キリスト者の家庭の習慣や秩序は，家族の一員が独り立ちするときに，その子らを守る盾となります．彼らには，悪い仲間を避け，誘惑を克服することはもちろん，誘惑を退けるようにと，特別に忠告しましょう．ヨセフは「逃げて外へ出でました」（創世記 39：12）．ある若者は，ロンドンへ旅立つときに，決して劇場へ行かず，競馬場にも行かず，安息日に出歩かず，カード遊びをしないように，と忠告を受けました．彼はその忠告をしっかり守りました．彼が新しい人に生まれ変わったとき，幾度もその忠告に感謝しました．この四つの忠告が誘惑に対抗する貴重な防壁となり，こうして，罪人らが彼を誘惑してきた時に，「否」と言えるよう，彼を鍛えました．

　教会員たちは，わたしたちの住居がどこなのかを知っているべきですし，わたしたちに相談したい時はいつでも訪問が歓迎される，と感じられるようにすべきです．探究者たち[41]，とりわけ，わたしたちが助けになれることの多い青年たちが訪問してくるかもしれません．信仰以外のことについてもわたしたちが話すことができ，聖書以外の各種の書物も知っている，と彼らが感じてくれれば，申し分ありません．長い年月の間に，興味の薄れていったたくさんの本がわたしたちの書斎の棚で眠ったままですから，彼らにそれを貸して，役立てることもできます．

　年長の人が密かに訪ねてくることもあるかもしれませんが，わたしたちはそのとりわけ熱心な探究者たちを歓迎しましょう．誠実で熱心な青年たちの思いの中には，教理的な真理についての困難な問題が生じることもし

41）　ディクソンが「探究者たち（inquirers）」という言葉で言おうとしているのは，今日ではしばしば「求道者」と呼ばれる人たちのことで，キリスト教には関心はあるものの，キリストへの信仰と悔い改めにはまだ至っていない人たちのことである．

ばしばあります．彼らの内に謙虚さや向学心を見出せれば，彼らを異端者として扱ったり，非難したりしないよう気をつけましょう．さもないと，彼らを本当に異端者にしてしまい，彼らを脅して，永久に正統的な信仰から遠ざけることになるかもしれません．このような指導によって，教会はしばしば失敗者になってきました．あらゆる疑念が，懐疑的な疑念であるとはかぎりません．それは率直に知的な難題だったりします．もっと葛藤した方がよかったのではないかと思わされる人たちもいますし，その方が，今よりもっと信仰に堅く立つことができたかもしれませんし，信仰の視野に浮き立ってくるあらゆる惑わしに簡単に揺さぶられなくなりえます．わたしたちの信仰告白の威厳ある見事な体系はすぐにあてにされるべきものではありません．わたしたちが信仰告白の真理を正当に認めるのは，ただ律法や神の言葉を学ぶことによってです．わたしたちがそれに注ぐ学びを，注意深く，また祈りをもって学べば学ぶほど，ますます信仰告白が神の言葉と合致していることに気づかされるでしょう．若者たちにとって危険なのは，性急で表面的な学びや思い込みです．教理上の真理について疑問を抱き，わたしたちのもとに訪ねて来るような謙虚で知的な青年のために，わたしたちがいくら労苦を負っても，負いすぎることはありません．そのような青年たちは，牧師よりも，まず長老のところに来ることが多いようです．彼がより申し分なく神の道を理解するとき，自らの心と魂の葛藤を経たからではなく，ただ牧師たちや自分の御先祖たちがそうしてきたから自分も信仰告白を受け入れたという何十人もの人たちよりも，彼はもっと有為な人になるでしょう．

　若い陪餐者たちの指導や審査で，長老は大いに牧師を補佐することができるでしょう．[42]この重大な場面がどれほど大切なことかおわかりでしょ

---

42)　陪餐者たちは，すでに（幼児洗礼を受けて）信仰を公に告白した教会員の子どもたちであり，またそれゆえに，主の晩餐のサクラメントに与る資格のある人たちのことである．

うか？ もう二度とない場面です．自分にとってのはじめての聖餐式！ わたしたちは皆，はじめて与った聖餐式のことを覚えていませんか？ 魂と真摯に向き合うために備えられる，何とすばらしい機会でしょう！ 信仰告白が本物であること，それに次いで，約束の地へと自分の顔を向ける者が正しく導かれることが，どれほど重要なことか！ この時，牧師と長老の信仰指導が特に必要となります．回心した後に，牧師も長老も彼らを配慮する必要がなくなるわけではありません．多くのキリスト者たちの不安定な歩みは，彼らの信仰生活のまさにはじまりの段階でしばしば間違っていたことに帰因するように思われます．硬い霊の糧の必要性や，よく祈り，よく御言葉を学ぶ必要性が，彼らの心にしっかり銘記されておらず，そのため，美味しいものや砂糖菓子しか食べたがらない様子に似て，刺激や珍しさを好むようになってくるのです．

　工場や職場での恵みの葛藤については，当然ながら，ほとんど知ることのできない牧師よりも長老の方が，特に日常生活に関してはいくつかの点で，ひとりの若い回心者を指導する上でたくさんのことができます．その若い弟子は，あらゆる種類の人たちと接するという摩擦に耐えることを学ばなければなりません．彼は自分の土台をもちこたえることができるために，恵みを必要としますし，また「そうすれば，わたしたちの救い主である神の教えを，あらゆる点で輝かすことになります」（テトスへの手紙２：10）．奇妙な話を聞いたことがあります．このすばらしい自由の時代に，どれほど多くの迫害が行われていることか！ 嘲る者の嘲笑は，実に耐え難く，

　　しばしば人を物笑いにすることが横行し，
　　謹厳な識見が退けば，とめどもなくなる．

　とるにたらない女中のひやかしが「たとえ，ご一緒に死なねばならなくなっても，あなたのことを知らないなどとは決して申しません」（マタイ

による福音書 26：35）と言った者の勇気をくじきました．多くの人々にとって，キリストのために生きることはキリストのために死ぬことよりも難しいでしょう．やはり，この世で敬虔に生きようとする人々は迫害を受けるでしょう（テモテへの手紙二 3：12）．おそらく，信仰心の薄い単なる形式論者と仕事で付き合うことは，信仰をもって間もない若いキリスト者にとってはさらに危険なことです．そのような誘惑から彼を助けるためには，キリスト者の生活を堅実に過ごすことがどれほど良いものであるのかを，彼に考えてもらいます．無神論者や信仰のない人たちからの非難や攻撃の方法に精通する友人は，イエス・キリストに教わった道徳律は，無神論者が決して対応できない一つの論拠である，と言いました．おそらく若い弟子は言葉でうまく議論することはできないでしょう．しかし，口でも，「知恵に相応しい柔和な行い」（ヤコブの手紙 3：13）からでも，また彼の生き方をとおしても，主イエスの霊が顕れるようにしたいものです．主イエスへの信仰のゆえに，よりよい使用人，より誠実な事務員，そしてより親切な友になれることを示しましょう．

　若い陪餐員たちに聖餐を許可するときは，牧師が話しをする以外に，一人か二人の長老が，自分がはじめての陪餐に際して感じたことや，新しい教会員たちの前に立ちはだかる，彼らが晒されるかもしれない危険について，実践的な心得や励ましの言葉を，二言三言，付け加えるべきです．そのような時には，二，三人の証言が有益とされます．

　「彼の子どもたちも，使用人たちも，彼に倣って主の道を守るように」（創世記 18：19）と切望した，ある大家族の長である人物は「わたしの子は，どの子もみな神の子であり，わたしの使用人は，どの使用人もみな神の使用人である，との望みを膨らませる」と記しています．

　自分たちの使用人の魂に配慮すること ―― 家族の一員として，彼らにも信仰教育を与えること ―― は，すべての男主人や女主人のつとめで

す。[43] 長老が適切に彼らを指導するのが難しい場合も多々あります。彼らは自宅に住んでいるわけではなく、彼らの時間は男主人や女主人のものです。住み込みの使用人の多くは、どの家庭にも決して定着したがらないかのように、自分の働き場を頻繁に変えます。辞めたいと願い出る使用人に、女主人がたびたび「なぜ、去るのですか？」と問います。すると「わたしはここでとても幸せでしたし、あなたはわたしにとても親切にしてくれました。ですが、わたしは一つの場所にじゅうぶんに長居したと思います」というのがよく聞かれる返事です。使用人は、大勢いる重要な階層であり、家族の快適な生活は使用人たちに依存しています。長老は、彼らを訪問するのが難しいのは当り前である、と考えがちです。長老が使用人の教会員を訪問するために女主人が注意深く配慮してくれた事例もたくさんありますが、そうでない場合は、明らかに、彼らと話しをするのは困難です。長老が善良で聡明な妻に恵まれていれば、妻が、他のこともそうですが、これについても助けになるかもしれません。妻が使用人たちを訪ねて、双方にとって都合のよい時に自宅に招くこともできるでしょう。

　自分の担当地域に大勢の使用人がいるなら、長老は、週日の夕べか安息日の夕べに彼ら全員のための集会を開いて、パウロがテトスにしなさいと命じたように、誘惑に警戒させ、救い主である神の教えを輝かせるように熱心に勧め、またそれを実行する方法を呈示しながら、彼らと話しをすることができます（テトスへの手紙2：10を参照）。女性の使用人の講習会は、出席しやすいように、集会場所が家から遠くなく、教師と女主人の間で連絡が取り合えているという条件が揃えば、よいことがかなりできるかもしれません。女主人の側からすれば、特定の通りや街角の広場、近隣の地区毎に、使用人たちの講習会を催すことは、とても安全で有益な取り組みで

---

43)　ディクソンは、上流階級の家庭、あるいは中流階級の家庭でさえ、使用人を雇っていた時代のことを書いている。ここでの彼のコメントは、家庭生活や、キリスト者が他者に対して霊的な権威を有する場合のどのような労働条件下でも、当てはまるだろう。

す.

　キリスト者である使用人たちは，シリア人の使用人と同じように（列王記下 5：1－4），雇い主にとっても，同僚の使用人たちにとっても，また家庭の子どもたちにとっても，恵みの祝福になるかもしれません．彼らをとおして，一家に救いがもたらされることもあります．わたしたちが生きているこの時代でも，家庭内にはじめて厳粛な印象をもたらした，少なくとも二人の際立って優れたキリスト者たち ── ひとりは自分の子守に初等教育を行い，もうひとりは一家の洗濯担当の使用人に言葉を教えた ── を，わたしたちは知っています．

学びのための問い

1. 家庭礼拝において不可欠な要素は何ですか？ 家庭が健やかであるために，なぜ家庭礼拝が大切なのでしょう？ 教会の礼拝についてはどうですか？

2. あなたの教会では家庭礼拝を導くために，父親や母親たちにどんな指導をしていますか？ あなたなら，どんな音楽教材や黙想資料，教理問答書や参考図書を推薦しますか？

3. あなたの教会では，子どもたち向けの聖書教育や神学教育を提供するつとめをどのように実施していますか？ 長老たちは，教会の子どもたちの霊的な成長を，どうすれば促すことができますか？

4. あなたの教会では，大人になりつつある青年たちにどのような配慮をしていますか？ 大学生たちに対し，彼らが家にいる間も，学校に行っている間も，あなたはどんな手を差し伸べていますか？ 就職活動中の大学生たちへの励ましは？ これらのつとめを改善するためにどんな実践的な取り組みが必要でしょうか？

5. ディクソンは，若者たちに福音を伝えることの重要性を強調します．特に若者たちへの個人的な伝道において，あなた自身の取り組みや効果について評価してください．このような場面での，あなたのつとめを改善する方策をいくつか挙げてください．

6. 今日のわたしたちの文化（カルチャー）で若者たちが直面する，最

も困難な試練は何でしょうか？　権力に対して若者たちが健全な態度をとれるよう支援するうえで，長老の役割とはどのようなものでしょうか？　ディクソンが誘惑に対する「防壁」と述べているものを，若者たちがしっかりと築けるよう，長老たちが手助けできるさまざまな手段としてどのようなものがありますか？

7. 息子たちに対して父親のように訓練する上で，厳しさと寛容との間の調和のとれたバランス感覚をディクソンは提唱します．父親は息子の心にどのような影響をもたらすでしょうか？

8. あなたはどのようにして安息日を喜びの日にしているでしょうか（イザヤ書 58：13）？　あなたは他の教会員たちに対して，同じく喜びの日とするよう奨励しているでしょうか？

9. 教会の礼拝に出席するほどに信仰に対して十分に関心はあるものの，キリストの数々の要請を未だに値踏みしたままの状態の「求道者たち」に，ディクソンは言及しています．求道者たちがキリストを見出せるよう手助けするために，長老たちは何ができるでしょうか？　まだ自分の家庭をキリストと共に歩む家庭として築こうとしていない人々に対し，教会として，またひとりのキリスト者として，あなたはどのようにもてなしの気持ちを表していますか？

10. ある長老が，霊的な懐疑を抱える人を支援しようとする場合，とることができる方法をいくつか説明してみてください．

11. 信仰告白式に臨む子どもたちを，指導し，審査し，涵養するために，あなたの教会にはどのような方策がありますか？　あなたの教会の若者たちはキリストにおいて成長していますか？　若者たちの霊的な活

力を発揮するために，どのようなことができるでしょうか？

12. 長老の伴侶にとって，その長老が霊的な働きに取り組むのを，どのようにして支えていくのが相応しいでしょうか？ もしあなたが既婚者であるなら，あなたの伴侶の長期的な霊的成長や教会のつとめに対する誠実さを深めるために，あなたはどのようなことに取り組んでいるでしょうか？

8

良い働きのための個別事例

　地域の祈祷会が恵みの手段である，と気づかされることが多々あります．祈祷会は毎週催されるのが最良です．二週間に一度や一か月に一度の祈祷会がとても盛んになることはほとんどありません．祈祷会が毎週催される教会では，地域の祈祷会は，教会の遠隔地で行われるものでなければ，たいていの場合，出席者の数は多くありません．祈祷会は一つの地域だけのためかもしれませんし，あるいは，執事や他の人たちの協力を得ながら，二人の長老の参加のもとに二つの地域合同で行われることもあるでしょう．祈祷会によっては，聖書の朗読に続いて，短く説き明かされ，他の祈祷会では，読まれた聖書箇所に即した興味深い伝道の情報が伝えられたり，相応しい有益な書物が読まれたりすることもあります．適切な詩編や讃美歌を心から歌う讃美の時は，楽しくもあり，効果的です．特に，その地域で起きた危難に関しては，家庭礼拝でもそうですが，当事者一人ひとりの名前を挙げて祈りに覚えられるべきです．祈祷会は，長くても一時間を越えるべきではありません．会場については，個人の私宅よりも，学校の教室や集会所，または，どの教会にも併設されている集会室の方が都合がよいでしょう．牧師は順次，それらの祈祷会を訪れるように招かれるべきです．地域での定例の祈祷会が行われないところでは，長老が折にふれて —— たとえば聖餐式の前に —— 祈祷会を開くとよいでしょう．そうした祈祷会を啓発的な，かつ興味深い方法で指導する賜物を具えた長老も

いますが，そうではない長老もいます．わたしたちには自分に具わる賜物を用いることしかできません．ですから，望ましいことではありながら，長老の訪問がそうであるのと同じ意味で，こうした諸集会も例外なく一人の長老に課せられる職責であると考えるべきではありません．

　もし状況がゆるすならば，長老が自宅の茶話会に人々を招くことがどれほど楽しく，効果的なものか，おわかりになるでしょう．それは人々が互いによりよく知り合う機会となり，とても有益に時間となることでしょう．

　わたしたちが知っているある田舎の村では，100年以上にわたって今も祈祷会が守られています．その土地は祝福を受け，三度，四度と，信仰復興運動が起こりました．それは祈りが応えられたもの，と言えないでしょうか？　この興味深い出来事がわたしたちに語り伝えられています．恵みの満ち潮がいよいよ迫る時には，その場所が非常に窮屈になるほどに出席者が数え切れないほど増えはじめ，扉の外にも大勢の熱心な出席者たちで溢れたほどだったと言います．出席者が5～6人にまで落ち込んだ時，恵みの満ち潮ははるか遠い彼方にあるのだと，彼らは悟りました．その時，彼らは潮目が変わるようにと再び祈り始め，そして，満ち潮の波が到来しました．ある種の霊的生活の一つの尺度とも言える祈祷会の出席者数だけから判断すれば，残念ながら，わたしたちの教会の多くにとって，恵みの満ち潮ははるか遠い彼方にあります！　しかし，祈祷会に出席する人たちは祈り続けましょう．たとえ出席者が少なくとも，祈祷会や毎週の説教のような救いの源泉を開き続ける重要性をわたしたちは強く訴えたいと思います．それらは，飢え渇きを覚え，切望する人々が潤される場であり，わたしたちはいつも出席者数でその価値を評価するわけではありません．

　あらゆる仕方で，長老は教会員に祈ることを —— 公の祈りはもちろん，わけても個人的に祈ることを —— 奨励します．祈りは実に宇宙を動かす神の御手をも動かすのですから，祈りはこの世で最も実践的で，最も強力です．

　長老は，交わりの場となる諸集会の形成と活気のある会の持続を，でき

る限り促すべきです。今のわたしたちの時代では，宗教はよりいっそう社会全体の発展の中に取り込まれていて —— よりいっそうの人格的な教化のためになっているのかどうかは疑わしいのですが —— 今日では，諸集会はかつてほど一般的ではありません。近隣に住む5～6人の教会員たちが共に集まるよう促すだけでよいのです。週に一度，一時間程度，またはそれより短い時間でも，男性向けの集会や，女性向けの集会が —— 前者なら夜に，後者なら日中に —— 催されるのが適切でしょう。その地域にいる母親たちは子どもたちのための祈りを合わせるのもよいかもしれません。「そのとき，主を畏れ敬う者たちが互いに語り合った。主は耳を傾けて聞かれた」（マラキ書3：16）とあります。ジャン・バニヤンが述べているように，

　　　聖徒の交わり，もしそれが十分にうまくいっているとしたら，
　　　それがわたしたちを生かし続けるだろう，
　　　たとえそこが地獄のような苦境であったとしても。[44]

　何年も前に，わたしの担当地域で暮らしていた教会員の一人で，貧しい寝たきりの婦人（彼女はセント・ジョージズ教会のアンドリュー・トムソン博士の老齢の使用人でした）[45] は教会で礼拝がささげられる時間になる

---

44)　英国の非国教徒ジャン・バニヤン（John Bunyan 1628－1688年）は，国家の承認なく説教をしたという理由で，12年間も投獄された。彼は『天路歴程』（1678年）や『罪人の頭に溢るる恩寵（*Grace Abounding to the Chief of Sinners*）』（1666年）の著者として，知られている。

45)　アンドリュー・トムソン（Andrew Thomson 1779－1831年）は傑出したスコットランド教会の指導者の一人で，エジンバラにあるセント・ジョージ教会の説教者だった。「エジンバラのキリスト者たちの教師（*Edinburgh Christian Instructor*）」の編集者として，またプレスビテリーと全体総会における活発的な議員の一人として，彼は教会内にも国内にも，多大な影響力を持っていた。

と必ず，教会員に語られる説教の御言葉に，聖霊の祝福がありますように
と祈っていました．そのベッドの傍らに座りながら礼拝に与ることは恵み
の機会でした．ある日電話が鳴り，わたしはその日の朝に彼女が急に主の
御許に召されたことを知りました．数人の敬虔な男性たちが彼女の亡骸を
ウォリストンの彼女の慎ましい墓まで運んだとき，彼らにはこの婦人が病
苦から解き放たれ，彼女にとって，それははるかに良いことのように思わ
れました．彼女はかけがえのない人として人生をまっとうしました．

　15 〜 20 世帯の家族が暮らすあなたの担当地域は一つの小さな世界であ
り，いわば，教会の縮図です．子どもたち，青年たち，父親たちなど，あ
らゆる世代の人たちがいます．そして，気質や性格，それに霊的な状態も
十人十色の人たち —— 不注意が目立つ人や，貧しい人たちに目もくれな
い裕福な人，不安を抱える人，新しく生まれたばかりの信仰者，気難しい
人，落胆している人，陽気な人，温厚な人，喜んでいる人，真面目な人，
怒りっぽい人，初恋が叶わなかった人，目標をめざして頑張っている人な
ど —— がいます．[46] ペトロ，トマス，マリア，マルタ，覚束ない人，堅く立っ
ている人，信仰の薄い人，勇敢な人などがおり，しかも一人ひとりの中で，
絶えず変化が起きています．すべての場合において唯一確かなことは「イ
エスを見つめる」（ヘブライ人への手紙 12：2）ことです．聖徒にとって，
罪人にとって，主イエスこそが唯一必要なお方です．わたしたち自身にとっ
て，また教会員にとって，ギレアドの香油（エレミヤ書 8：22）のような
生ける医者が何よりも重要です．主イエスに目を向けるとき，わたしたち
は照らし出され，謙虚にされ，聖化され，「栄光から栄光へと，主と同じ
姿に造りかえられ」（コリントの信徒への手紙二 3：18），「あらゆる人知
を超える神の平和が，あなたがたの心と考えとをキリスト・イエスによっ

　46）　ここであげられている名前は，聖書に由来するとともに，性格描写
　　　については，バニヤンによる著名な物語『天路歴程』（1678 年）に登場
　　　してくる．

て守るでしょう」（フィリピの信徒への手紙4：7）．

　長老は，時が良くても悪くても，地域で暮らす教会員たちの間で良い働きをする機会を注意深く見守りながら，心備えをしていなければなりません．悲しい出来事が起きた時に，長老の訪問が温かく迎えられることはすでに述べました．しかし，その時長老が自宅に不在の場合，手紙を送るのもよいでしょう．この提案を思いついたのは，先代の人が書いたそうした手紙が丁寧に保存されていて，書き手も読み手も天国へ旅立った後も末永く，子々孫々に役に立てられている数々の手紙があると気づいたからです．家を留守にしていなくても，さまざまな特別な事情の場合，教会員のその当事者に手紙を書くことが効果的であることに気づかされることでしょう．その場での即座の助言の言葉よりも，手紙はいつまでも残ります．

　新年は，特に地域の教会員たちを覚える機会です．ここ20年，この時期になると，一人ひとりに，一つひとつの家庭のために，それぞれに最も有益と思われる小冊子を一，二冊入念に選び，包装して郵送することを実践しています．これはほんのささやかな新年のプレゼントですが，これは忘れずに覚えていることのしるしであり，いつも快く受け取られます．小冊子の代わりに図書もよいでしょう．子どもたちにも何か送るとよいでしょう．この季節になるといつも役立つ興味深い出版物が刊行されます．このとき貧しい教会員にも配慮します．もし長老が自分の判断で容易に彼らに贈ることのできるものがあれば，小包には何か栄養のあるものを添えます．貧しい高齢の人たちには少しの美味しい紅茶などが何よりも喜ばれます．

　地域に住む教会員や他のお年寄りや若者に贈呈する図書ですが，敢えて二，三のヒントを提供します．分厚い高価な本である必要はありませんが，読むのに適した本でなければなりません．説教は聞かれてはじめて有益なものとなりえるのです．信仰は聞くことによって生まれるからです．同様に，本は読まれてはじめて役立ちます．読まれるためには，読みやすく，面白そうなものでなければなりません．無味乾燥で，単調なものはいけま

せん．深遠な書籍を味わい，学ぼうとする霊的な渇望と知性がある場合以外は，一般的には，物語や伝記が最適です．小さすぎる小冊子や本は避けるべきです．文字の大きさも重要です．物語はいつでも好まれます．若者にもお年寄りにも，イラスト入りであればなおさらよいでしょう．子どもは物語と絵が大好きです．わたしたち大人はみな，子どもが成長した者にすぎません．

　原則として，自分自身が読んでいない本や，わたしたちがその判断を信頼できる人が読んでいない本は，候補から外すべきです．しかし，プレゼントするために急いで本や小冊子を買わなければならないなら，その本が興味深いか，物語が読みやすいかを確かめるのに，イラストがあるか，活字がきれいか，段落が短いか，固有名詞がたくさんあるか，という点を，わたしは確認します．本を贈呈する際には，贈り手と受け取り手の名前を記し，短い聖句を添えるのがよいでしょう．最後に，最も大切なことですが，贈る際には，本をとおして神の祝福があるようにと祈ります．

　わたしたちに委ねられている人たちが，他の地域や遠隔地へと引っ越していく際に，教会籍証書を手渡しさえすればよいなどと思ってはなりません．少なくともしばらくの期間は，折にふれて手紙を書いたり，雑誌や本などを送ったりするなどして，連絡を取るべきです．彼らは遠隔地でこれらを感謝して受け取り，特に教会員名簿や教会報などを喜びます．遠隔地にいる若者にとって，少なくとも一人の旧友が今でも彼に関心を寄せていることがわかることは大きな励みになります．教会員たち，または礼拝を共にしてきた人たちが遠隔地へ転居する際には，転居先の土地で彼らを歓迎してくれる人たちを探しましょう．友人が誰もいない時は，その地の牧師，あるいはたいてい主要な町には組織されているキリスト教青年会（YMCA）などの好意に委ねるのもよいでしょう．紹介状を手渡すのもいいのですが，あいにく紹介状が用をなさないこともあります．できれば本人に紹介状を渡すだけでなく，その地の人に直接，手紙を書き送るのがよいでしょう．外国で暮らすある青年がどのように救い主に導かれたのかを

語ったことがありました.「故郷の日曜学校の先生はわたしのことを片時も忘れていないので」と.長老もできる限り同じようにしましょう.

大きな町には絶えず,郊外の田舎や小さな町から青年たちが流入してきます.その多くは,同級生たちの中でも最も活動的で知的な青年たちです.わたしはしばしば牧師たちに同情します.彼らの牧会が実り,まさに有為な働きができるようになった矢先に,そんな彼らを送り出さなければならないのですから.こうした青年層は,到着と同時に配慮を要します.わたしたちの大規模の教会にはこのための備えがあるべきです.若者が配慮されることなく都会の放蕩の渦に飲み込まれ,性格も健康も破壊され,一冬ももたずに実家に送り帰されるという悲しい出来事がしばしば起きてしまいます.海上で難破する船はたくさんありますが,悲しいことに岸辺で難破する船も多いのです.若者はしばしば友人がなく,孤独です.故郷の家庭生活から下宿生活への変化は十分に憂鬱なもので,特に社交的な性格の若者には危険です.牧師に若者への配慮を期待することはできません.若者の新来会者を事情が許す限りたまに自宅に招いたり,聖書読書会や青年会などのよい仲間を紹介したりするのは,それぞれの教会の一,二人の長老のつとめと思われます.規則正しい十分な食生活や,それ以外にも健康維持に不可欠なことに注意を欠いたため,まじめな学生たちが早死にする危機に瀕したり,一生にわたる健康障碍を抱えたりする事例もしばしば起きています.長老やその伴侶たちは,そのような事例に関心を寄せ親身になるべきでしょう.時宜に適った助言が有望な命を救うことになるかもしれません.長老たちの努力をとおして,世の多くの父母が抱えるたくさんの不安も和らぎ,その父母たちの祈りも聞き届けられるでしょう.

慎ましい生活を送る人が多い地域を担当する長老にとって,執事の補助に加え,女性の訪問の助けと協力がとても役に立ちます.地域に暮らす貧しい人たちのもとを訪ねることが常日頃はできない多くの女性たちが,このつとめを果たすことができます.女性の目と心と細やかな察知力によって,男性には決して思い浮かばない助け方を提案することができます.特

に，これは病人や貧しい人たちの訪問にあてはまります．教会の外にいる貧しい人たち，しばしば浪費家で身を持ち崩した人たちのために，膨大な労力が費やされています．このことをわたしたちは惜しみはしませんが，わたしたちの教会の貧しい教会員たちは，一人ひとりを配慮する際にキリスト者女性によって示される愛情や辛抱強い粘り強さを，わたしたちは考える以上にもっと豊かに分かち合われるべきです．キリストはご自身の貧しい民を，ご自身の教会の配慮に委ねておられます．ですから，主の弟子は手本を示してくださったその主の御跡を踏み，それに倣う努力をすべきです（ペトロの手紙一 2:21）．貧しい教会員の多くは「耐えられない闘い」とよく表現するように，耐えられないほどの貧苦を乗り越えるために闘っています．そこでの多くの配慮と気遣いをとおして，彼らの多くは天国へと入り行くにちがいありません．

　繊細で難しい問題も起こります．そのような問題を扱うとき，長老は自らの善良な心がけに対して批難される機会を与えてはなりません．老若を問わず女性に対応する際は，妻の助言または経験豊富な思慮深いキリスト者女性の助言が有益でしょう．

　教会の長老はあらゆる面で良い仕事をする準備が整った —— 喜んで与え，快く語り合える —— 人であるべきです．肉体のためであれ人間の魂のためであれ，助けを求めるあらゆる叫びに対し，わたしたちは「いいえ」と言うより，むしろ本能的に「はい」と応える心づもりでいるべきです．もしわたしたちの間で行われる多くの慈善活動にわたしたちが支援の手を差し伸べることができるなら，この世界におけるキリストの貴い御旨を推し進めることになるでしょう．キリストこそがそれらすべての真の創始者です．そうした活動が，見捨てられた病人，孤児，目の見えない人，不治の病を患う人，耳の聞こえない人，口の聞けない人たちの最初の友となられたお方を思い起こさせます．そのような慈善活動はそれらの真の創始者と思いを一つにする人々によってこそ最善の運営ができます．

　一人ひとりがあらゆる良い仕事に積極的に関心を寄せることは —— 各

自が努力を集中させる必要があるため——できませんが，できる限り共感し，祈るとともに，また署名[47]によって支援することができます．さまざまな慈善活動の実際的な運営は，その報告書を見ればわかるとおり，多くの場合，さまざまな教会の長老たちによって行われていることを考えると，嬉しいかぎりです．これからもそうであって欲しいと願います．なぜなら，彼らの働きが，このようにしなさいと主イエスから教わった人たち以外に，世の罪も悲しみも感じ取り，それに気を配ろうとする人はいないことを，世界に示すことになるからです．

長老たちは自治体や他の公共の事業や活動にも参画する準備もしておくべきです．そうした職責はしばしば面倒なものですが，とても有益で，各教会の善良な人々はそうした活動への参加が呼び掛けられるべきです．

伝道の賜物を具えた長老は進んで伝道に励むべきです．なぜなら，人々は，専門家ではない者がキリストを証するのを特別な関心をもって傾聴し，注目するからです．こうして，信徒のたどたどしい言葉でさえも説得力をもち，効果的に用いられるのです．わたしはある日の夕方に，四十年間毎晩エジンバラのセント・ジャイルズ教会の西側の角に立って伝道していたわたしの旧友で軍人だったロバート・フロックハートの傍に立っていました．嘲る者が近寄って来て，数秒話を聞いた後，わたしに向かって叫びました．「ああいう奴は牧師よりも厄介だ．彼が伝道してお金を貰っているとは誰も言えないからね」．専ら言葉と教義を伝えるために労する者ではなくとも，自らの賜物に応じて，わたしたちは経験をとおして感得している神の愛を伝える準備をしておくべきです．多くの長老は日曜学校の教師だったのですから，伝道講習会や野外礼拝の伝道集会に進んで参加する長老も多くいるはずです．短い講演や讃美歌指導ができるように自主的に練習する時間をとることは価値のあることです．もしも十分に教育を受け，

47）　ここでの「署名」とは，ディクソンによれば，キリスト者の慈善活動に対する賛同の誓約，あるいは経済的な資金援助を意味している．

熱心に自発的に行動する長老が大勢いれば，牧師は週日と特別な礼拝のために今よりもっと頻繁に，思い切って会堂や集会室を使うことができるでしょう．

　休暇は今や老若万人の慣習です．夏になると多くの都会の長老たちは一か月から六週間ほどを田舎で過ごします．こうした田舎での滞在を快適と保養のためだけでなく，ある程度有益で効果的なものにしたいものです．熱心な長老が二か月間も滞在すれば，教会の建物やそこに集う会衆と知り合うようになります．しかし，休暇から度々このような結果が得られるわけではありません．特に普段から知的な仕事を年中している人にとっては大切な休暇であって，熱心な働きに傾注するときではないからです．新鮮な空気，爽やかな景観，そして静けさは，彼らが心身ともに必要とするものです．

　しかし，キリスト者である長老はどこに行っても良い仕事に励むものです．それは彼にとって何も難しいことではありません．なぜなら，いつも父なる神の働きに絶えず励むことが彼の生活であり，彼の喜びだからです．見知らぬ田舎町や村でも，キリストの貴い目的を後押しすることのできるささやかな方法がたくさんあります．大きな町で暮らすわたしたちのような人々を元気づける刺激や共感がほとんど得られないような人たちを励ますことができます．わたしたちはいかに他の人々の刺激や励ましによって助けられていることでしょう！

　たとえば，長老はそこに同じ教派の教会があれば定期的にその教会に集うべきです．当然自分のもとを訪れるものと期待して待っていた訪問者たちが全く別のところへ行っているのがわかると，その田舎の地方の牧師は落胆します．むしろ，主日毎に，定まった教会の牧師のもとに集うことによって，牧師の働きが強められるよう，わたしたちの共感力と影響力が用いられるようにしましょう．年々歳々，多くの誠実な牧師は，人目につかない活動領域にあって，諸々の局面で多くの困難を抱え，失意に沈んでいます．会衆の中に牧師が心を打ち明けられる教養深いキリスト者がいたと

しても，それはほんのわずかでしょう．共感し励ますことで，働く牧師を元気づけ，喜んでそのつとめを続けられるよう，わたしたちにできることもあるでしょう．

経験上，田舎地方に滞在している間に，週日の祈祷会への参加，日曜学校，聖書読書会，教師会の手伝いなど，長老ができるどんな奉仕も心から歓迎されると言えます．長老は与えるだけでなく受け取るものも多いでしょう．田舎の牧師たち，田舎の諸教会から，それまで決して思いつかなかった実践的なヒントを得て，休暇から帰ったときに，それを役立てられることもしばしばあります．同時に，教会の働きについて，都市部での経験から，当座のことであれ霊的な事柄であれヒントを与えられ，それが喜んで受け取られて，その土地柄や会衆の事情と合致すれば，それが実施されることもあるでしょう．

わたしたちにはいつも特別な喜びを感じるつとめがあります．それは病人を見舞うことです．しばしば，牧師はデリケートな感情から，所属する教会ではない他教会の病人を見舞うことはタブーだと感じます．しかし，キリスト者は訪問したいところに行けばよいと思いますし，いつでも歓迎されるでしょう．面識のない訪問者がキリストのみ名によって語った言葉に祝福が伴うことはよくあります．

地方の田舎に出発する準備をして荷物をまとめるとき，できれば物語の入った良質な小冊子の束を忘れずに持参しましょう．表紙に木版画[48]がついていればさらによいでしょう．必ず子ども向けのカラー刷りの小さな小冊子を入れましょう．可愛い日曜学校の印刷物もたっぷり入れましょう．なぜなら，予想外にも，準備した小冊子が配りきり，手元になくなってしまうかもしれないのですから．ある日のこと，その地域の大きな学校の下校時刻にちょうど通りかかったことがあり，群がって小冊子を欲しがる少

48）木版画は，一つの木板をデザインに沿って彫り，それから塗料を使って印刷するが，この場合は，冊子の表紙に印刷したものである．

年たち全員に配布することができませんでした.

　一時的な滞在先で，牧師同士，または人々が心から協力し合えない光景を目の当たりにすることがあります．思慮分別があり，善良な人々を愛する滞在客であれば，互いの隔たりを取り除くためにできることはいくらでもあります．見知らぬ人であればいっそうのこと，調停者，和解の調整役になることができます．調停するためには古傷に深入りして旧来の争点を調停しようとするのではなく，キリスト教に相応しい本来の優しさをもって，暫くの間互いに引き離されていた兄弟が共によい業に励むように導きます．そのようなときによい業を実行できるのは，キリスト教における一致という特性や義務について話し合うことよりも，むしろ，底深いところに潜んでいるかもしれないけれども，聖化されたすべての心の内に確実にある兄弟愛を引き出し，働かせることによります．

　ジェームズ・ハミルトン博士[49]が書いているように「永遠について最も甘美な驚きは，時間の中で働きが再び復活することです．弟子が愛の労苦をすっかり忘れ去っていたとき，その弟子は豊かな報いの中でそれを思い起こすでしょう．いともささやかな手段から素晴らしい結果が生まれることに気づかされ，時間の流れの中であなたが蒔いた種が，永遠の浜辺で，すでに実り豊かな成果を育みつつあることに気がつけば，非常に重みのある栄光はさらに増幅していくことでしょう」（コリントの信徒への手紙二4：17を参照）.

49）　ジェームズ・ハミルトン（James Hamilton 1814－1867 年）は 1841 年から終生，ロンドンのスコットランド国民教会の牧師として，また，『長老教会の伝達者と福音的キリスト教国』の編集者としても仕えた.

学びのための問い

1. 健全な諸集会に不可欠な要素は何ですか？ あなたの教会の中の集会は，どのようにして発足し，組織され，監督されているでしょうか？ 集会のリーダーたちは，どのような訓練を受けているでしょうか？ あなたの教会で集会を構成する場合の長老の役割は何でしょうか？

2. 各集会の活気と教会全体の霊的な健全さとの関連性は何でしょうか？ それを基準に，あなたの教会の健全さを評価してみてください．

3. ディクソンは祈祷会を「霊的生活の一つの尺度」と述べます．それを基準に，あなたの教会の祈りの生活を評価してください．神の民の祈りを促すために，長老たちは何をどうすることができるでしょうか？

4. ディクソンは「交流会」，つまり同様の生活環境を共有するキリスト者たち（男性，女性，独身者，学生，青年など）の集いを活用することを提唱します．あなたの教会が励行しているのはどのような集会でしょうか？ どんな集会が必要でしょうか？ こうした交わりを促進するうえで，長老に求められる役割は何でしょうか？

5. あなたが霊的に配慮している人々の多様な霊的ニーズを列挙してください．彼らが必要としているのはどんな支援でしょうか？ 一週間をとおして，あなたが彼らとの個人的な接触を保てる実践的な方法は何でしょうか？

6. あなたの教会では，引っ越しで教会を去る人たちに，どのように別れを告げているでしょうか？ 長老たちは去り行く人たちに新しい所属教会を紹介し，彼らの霊的な活力を保持できるよう，どんな支援をすることができるでしょうか？

7. 新来会者が教会の霊的生活に参画できるよう手助けする上で，長老の役割は何でしょうか？

8. ディクソンは「女性の訪問者たち」の意義について言及しています．牧会のために女性たちの賜物を活かすために，あなたの教会が取り組んでいることは何でしょうか？ 女性たちは長老たちが仕事に励む際に，女性ならではの仕方でどのように長老たちを支えることができるでしょうか？ あなたの教会の長老たちが，女性たちを霊的に配慮する際に，適切な礼節を堅実に保つために，どんな予防手段を定めていますか？

9. 慈善活動においても社会生活においても，また福音伝道においても，長老たちは実例をもって導くべきです．慈善的，市民的，そして伝道的な関心事に対する，あなた自身の関わり方について吟味してください．あなたはこの世界で，どれほど効果的に神にお仕えしようとしているでしょうか？ 何かあなたが責任を怠っている分野はありませんか？

10. あなたの長期休暇の時間をうまく霊的に用いる方法は何かあるでしょうか？

9

戒規の諸事例

　戒規の問題を扱うことは，長老が果たさねばならない，最も痛みを伴う，実際にはただただ痛みを伴うばかりのつとめです．看過できない違反が生じ，それらは陰鬱で悲しみそのものであることもしばしばです．しかしながら，肉の欲は今なお魂に敵対し，抗しているのです（ペトロの手紙一2：11）．残念ながら，この点に関して，すべての教会に神の御前にぬかずかなければならない理由があります．「むしろ，自分の体を打ちたたいて服従させます．それは，他の人々に宣教しておきながら，自分の方が失格者になってしまわないためです」（コリントの信徒への手紙一9：27），「だから，立っていると思うものは，倒れないように気をつけるがよい」（コリントの信徒への手紙一10：12）といった言葉は，わたしたち自身に対し大いに警鐘を鳴らす御言葉であり，長老会での審議に先立って厳粛に強調されて新たな意味を帯びてきます．戒規の務めを正当に果たすために，長老は誠実と愛の両方の霊を必要とします．それらの霊は，罪人たちに対するわたしたちの主の接し方にはっきりと描写されていますので，わたしたちは繰り返し学ばなければなりません．主はなんと誠実で，しかもなんと優しいお方であられたことか！なんとしても，イエス・キリストの霊において，わたしたちが過ちを犯した兄弟に対応することができたらよいのですが！

　戒規における第一にして最大の目的は，聖書に記されているとおり，罪

人の回復と救いです．第二の目的は，教会の清さを保ち，汚辱をなくすことです．第一の課題はいつでも際立たせておくべきものです．わたしたちの先達への敬意を払いつつも，彼らはこの点をあまりにも見落としがちだったのでは，とわたしは考えさせられます．古き良き時代の，過去のたくさんの長老会の議事録に，わたしは目をとおしました．それらには，教会員の汚点や欠点を探して嗅ぎまわる教会の見張り人としての長老の様子がかなり多く暗示されていました．当時のわたしたちの懲罰記録は，血を通わせることなく，あるいは血を流しつつ記されていました．ある日のこと，ひとりの少年が5シリングを盗んだかどで懲罰を受けることになった際，その地域のキリスト者からは心から反対を訴える声は上がりませんでした．わたしたちの教会の戒規が厳罰化の一色に染まっていたことは素晴らしいことではありません．もちろん，記録や詳述は淡々とした形式的なものであり，長老会の会合の様子を写真のようにわたしたちに見せてはくれませんし，詳細に報告は記録され，戒規が執行されていきますが，長老たちの戸惑う声や涙する目を記録してはいません．いくつかの記録を読んだ限り，そこにはキリスト教的な赦免の精神が息づいているとは思われませんでした．戒規の主要な目的に係わるこうした過ちは，長い間なくなりませんでした．まだそれから四十年は経過していないのですが，わたしの知り合いの一人の年配者が，その時の健康状態に合わせて，雨の日の安息日の午後に，自宅から遠い所属教会ではなく近所の教会の礼拝に出席しました．これが違反行為とみなされて，彼女は戒規に処せられ，教会員同士の交わりから疎外されました．

　長老は教会員に関する好ましくない報告にどう耳を傾けるべきかに，注意を払わなければなりません．もしこの種のうわさ話を聞きかじろうと思えば，うんざりする位にたくさん聞くことになるでしょう．しかし，もし明らかに事実と思われる報告を耳にしたならば，またもし自分の目で確かめたうえで実際に対処すべき場合には，長老は時間を無駄にせずただちに，個別的にかつ慎重に，事の真偽を正すべきです．

最初に当事者だけと話し合い，誠実かつ親切に対応します．率直にかつ公正に話します．あたかも他の問題で呼び出したかのような遠まわしな話の切り出しは避けましょう．公然のスキャンダルになっていなければ，慌てて長老会での審議事項にすることはありません．そして審議に諮る前には必ず牧師に相談します．あらゆる取り組みは「今また涙ながらに言いますが，キリストの十字架に敵対して歩んでいる者が多いのです」（フィリピの信徒への手紙3：18）の御言葉の精神で，秘密裏に行わなければなりません．そうして，兄弟を取り戻すことができるかもしれません（マタイによる福音書18：15）．長老会で諮られる前に，当事者に訓戒したことで，明らかな祝福がもたらされた事例を長老たちから聞いています．スキャンダルが生じ，問題が長老会で諮られる場合には，たいてい二人の長老が違反者に対応するように指名されます．少なくとも初動の対応は，形式性や公共性が少なければ少ないほどよいです．長老会での審議に掛けられる場合には，公共性や悪評が立ってしまうことで，違反者たちへの怒りを募らせてしまうことになり，悔い改めの望みを閉ざしてしまいかねません．即座に対応しなければならない理由は，そうしないとあたかも自分がきちんと公正に審理されていないかのような違反者の意識に後ろ盾を与えるかもしれないからです．あなたの対処から，冷淡さ，厳格さ，または糾弾を斥けるべきです．これらは何ら益にならないばかりか，主イエスのひとりの僕かつ特使として活動する，恵みによって救われた同じ罪人どうしから示されるべき態度ではありません．そのような状況下では，少なくとも自分たち自身の魂を救えるまでに，わたしたちが十全で信仰深いかのような思い違いが，わたしたちの心に忍び込みやすいので警戒しましょう．そうではなく，わたしたちがお役に立てるのは，過ちを犯した兄弟を主イエスの御許に連れて行くためにわたしたちができるすべてを，祈りをとおして，謙虚に行ったその時だけです．

　戒規が正しく執行されるなら，恵みの手段としてしばしば祝福され，戒規が個人的であれ公的であれ，いかなる場合も，その効果を牧師も長老も

しばしば身をもって経験してきました.

　すべての長老は堕落する危険の中に身を置く存在であり，教会員もまったく同様です．この点で注意すべきは，「神の羊の群れを牧しなさい」（文字どおり，羊飼いのように群れを世話する）というつとめのために長老は任命されているということです．このつとめに誠実であることが認められるよう，長老は求められます．水漏れのような，悪の始まりに注意しなさい．一人ひとりを知り，日々あらゆる階層の人たちと交わることで，小さな群れが陥りやすい罪に速やかに気づくでしょう．わたしたちの大きな町には，特に労働者階級の人たちの間には，誘惑が満ちています．あまりに多くのパブ⁵⁰⁾があり，万人が同意すべき一つの意見として，わたしたちに言わせれば「多すぎ」ます．労働者階級の人たちに同情できる点もありますが，極端な状況には同意しかねます．パブはいかに多くの希望に満ちた善意を破壊することか！　どれほど多くの将来性のある若い芽を枯らすことか！　くもの巣のように，どれほどまで地区全体にはりめぐらされていることか！　悲しいことに，すべての敬虔な長老，宣教師，伝道者は，自身のつとめに対して，法的に「認可された」あまりに多くの難敵がいるのを知っています．もちろん，わたしたちは個人のことではなく，制度のことを言っています．本来的に，あらゆる悪影響に直結している仕組みに見えます.

---

50)　［訳者註］今日の日本の文脈では，居酒屋というよりもキャバクラといった風俗店を想定させる.

学びのための問い

1. 神の律法を破った人々に対して主イエスがどのように対処したのか，いくつかの実例を挙げてみてください．教会戒規の適正な行使に際し，主イエスの聖なる特性の諸相のうち，どのようなものが，長老たちに最も有益ですか？

2. 教会戒規の第一義的な目的は何ですか？

3. 教会が戒規を行使する上で，長老たちが発揮すべき霊性はどのようなものですか？この聖なるつとめを正しく遂行することに失敗したら，どんなことが起こってくるでしょうか？

4. 教会戒規に関して聖書が提示する執行過程で，基本的な段階をあげて説明してみてください．

5. 教会戒規を行使する上で，あなたの教会の長老会はどのような役目を果たしているでしょうか？あなたの教会での戒規の目的，またそうする必要のある人に対するあなたの態度，そして，聖餐の執行の過程をあなたがどれほど守れているのかを吟味してみてください．

6. あなたの教会の教会員は教会戒規の意義や目的，また実際の行使について，どれほど十分に理解しているでしょうか？この主題について教会員を教育するために，あなたの教会の長老会が行っていることは何でしょうか？

10

教会員たちに対する良い働きへの励行

　わたしたちは全教会員に対して，キリストの働きに実際に関心を寄せるように取り組まなければなりません．なぜなら「わたしたちの中には，だれ一人自分のために生きる人はない」（ローマの信徒への手紙14：7）からです．子ロバについて「主がお入り用なのです」（マルコによる福音書11：3）と言われました．信仰を告白し，生きたキリストの体の成員となった人たちはなおさらのことです．各自がなすべきことは，各自に何ができるかによります．「この人はできるかぎりのことをした」（マルコによる福音書14：8）が主による是認の言葉でした．「時のある間に」（ガラテヤの信徒への手紙6：10）がわたしたちに与えられたルールです．信仰告白したキリスト者一人ひとりが，どんなに些細なことでも，キリストのために何かをすれば，教会に，この世界に，どれほどまでに変化が生じることでしょう．荒地もすぐに実り豊かな畑に変化するのではないでしょうか．

　自分自身の信仰に留意すること，日々御言葉を読むこと，そして祈ることが第一のつとめです．これに家族の世話や，誠実に職務を行うことを合わせると，多くの教会員にとって，その他のつとめに割り当てる時間はほとんど残りません．母親は，夫と子どもの世話や整頓された清潔な家を保つことで，これらをなおざりにして訪問したり貧しい人たちを教導したりするよりも，いっそう教義を引き立たせます．家庭こそ母親の最優先の活動領域であり，家庭よりも有益な場を見つけることはできません．素晴ら

しいのは，ある母親たちが喜んで取り組むさまざまな活動やその方法で，実に多くのことを達成できるという点です．その他のことは家庭でのつとめを終えた後にまわすべきです．家庭はそれほどまでに有益な場です．神の収穫の中で，祈りの篤い母親たちが結集する実り豊かな結束ほど豊かで輝かしいものはありません．長老は，この点をしっかりと心に留め，母親たちの家事の働きを過小評価してはなりません．夫や息子は，正当かつ合法的に召された職業の中で督励されるべきです．長老はこれらを奨励するだけでなく，折にふれて実践的な支援の手を差し伸べることができます．

　教会員が国内，国外のさまざまな伝道の活動に関心を寄せるようにしましょう．残念ながら，わたしたちの心を占める関心事として，滅びゆく異教徒たちのことがどれほど覚えられているでしょうか！　わたしたちが家庭で使うもの――家，家具，庭，気晴らし――への出費に比べて，海外伝道のために献げられる献金がなんと少ないことか．伝道は教会の大事業ですが，それはまた教会員一人ひとりの働きでもあります．教会員に対し，特にこの点を思い起こさせるのは長老のつとめです．「収穫は多いが，働き手が少ない．だから，収穫のために働き手を送ってくださるように，収穫の主に願いなさい」（マタイによる福音書9：37－38）．これは全世界の収穫です．収穫の時にはすべての人が忙しく働かなければなりません．若い伝道者に対し最初に刺激を与えたのがその地域を担当する長老だったという事例はいくつも知られています．教会員は，伝道が最も重要な課題であることを心に留めるべきです．折にふれて，伝道について教会員に語るようにしましょう．各家庭に伝道献金箱を渡して，家族が恵みに与った時などの折々に感謝の献げものをすると，彼らの日常的な関心を高めることにもなるでしょう．長老たちには，自分たちのためにも教会員のためにも益になるので推薦したいものがあります．それはジェームズ・ハミルトン博士の小冊子『感謝（*Thankfulness*）』という，彼がウェスレイ宣教会に対

して語られた説教です[51]. それは, わたしたちも周知のように, 彼が書い
たすべての著作の中でも彼自身の一番のお気に入りで, 祝福で溢れている
小冊子です.

　家庭内でなすべき仕事量がそれほど多くはなく, 善を行うことに熱心な
教会員に対しては, 貧しい人たちの訪問, 日曜学校の教師, 教会のさまざ
まな献金を集めること, 小冊子の配布, ドルカス会[52], 詩編歌を歌う讃美
のクラス, などに参画するよう勧めます. こうして, 長老がこれまで自分
がしてきた以上に効果的な働きをする人たちを登用したことを光栄に思う
でしょう. よく整備された日曜学校や他のキリスト教の諸活動に青年たち
を連れて行くと, よい成果がもたらされるのを見てきました. 自分も何か
役に立ちたいとの願いが, 彼らの中に芽生えます. その時, わたしたちは
彼らに永遠の価値をもたらす実践的な助言を与えることができます. ネッ
トレトン博士は若い頃に次のような助言を与えられました. 「この世でで
きるあらゆる善を行いなさい. ただし, それについてできるだけ口外しな
いようにしなさい[53]」と. 彼は, この金言がその後, 生涯にわたって影響を
及ぼしてきたと言います. 感受性の強い時期に助言されたその言葉は彼の
非常に実り多い生涯を貫く行動原理となりました.

　若者がよい働きを始めるにあたっては, 彼らが所属する教会との関係の

---

51) ジェームズ・ハミルトンの『感謝 (*Thankfulness*)』は 1850 年の刊行
　　物である.

52) [訳者註] 使徒言行録 9:36−41 に登場する, 貧しい人々に衣服を作っ
　　て与えた婦人ドルカスに因んで, 慈善活動に取り組む婦人会の名称であ
　　る.

53) アサエル・ネットレトン (Asahel Nettleton 1783−1844 年) は第二次
　　大覚醒 (1787−1825 年) の期間にコネチカット州にある一教会の伝道者
　　だった. その間に彼が語ったカルヴァン主義的な説教は, リバイバリス
　　トのチャールズ・フィニー (Charles Finner 1792−1875 年) のアルミニウ
　　ス的 (万人救済) 手法とは真っ向から対立するものであったが, 何千人
　　もの人々を回心に導いた.

もとにある働きが最善でしょう．長老の目が行き届く働きなので，若くてやや内気な人たちも，よく知っている人たちの顔を見ることで励まされるでしょう．彼らは教会員の他の働き人たちとも親しくなり，キリスト者同士の交わりが保てることになるでしょう．また自らの手で働きはじめた人たちが陥りやすい危険から守られることにもなるでしょう．プリマス・ブレザレンの人々や他の熱狂的なセクトの人々は，常に教会の外で運動し，[54]自分たちの小さなセクトに若者たちや熱心な弟子たちを改宗させようと躍起になっています．特に信仰を持って間もない人たちにとっては，単純で干渉されない働きであればあるほど，安心して働けるでしょう．見た目に頼らず，信仰に頼って働くよう訓練します．その結果，表面的な落胆を乗り越えて，やる気をもつようになるでしょう．一度にたくさんのことをさせないようにしましょう．混乱させたり，負担をかけすぎたりして，働きをすべて辞めてしまうことになりかねません．長老は若者が通常の仕事を怠ったり，彼らの心中で仕事を単に副次的なものと考えたりしないよう忠告します．ある日，事務員が帳簿もつけずに日曜学校の準備の勉強をしていた，と雇用主がわたしに不満を漏らしました．これはあってはならず，「仕事を怠らない」ことは「霊に燃えて，主に仕えなさい」（ローマの信徒への手紙 12：11）との御言葉と連携していなければなりません．老練な経験を積んだ友人はこう言いました．「自分の仕事を果たせないくせに，自分にとって，教会と世俗のどちらの方がより良いかなどとは言えないでしょう」．

長老は教会員に，日々のありふれた自らのつとめが恵みをもたらすことを，さらに，日頃の親切な行為，試練，配慮が主イエスとの交わりの機

54）　プリマス・ブレザレンの間に見られる特徴的な見解は，宣教長老であれ治会長老であれ，長老職の否定です．1830 年代以降，スコットランドでは他の諸教派やさまざまなセクトが急速に成長し，ディクソンは若い世代の長老教会の人々を，そうした拡張勢力から保護しようとしていた．

会になり得ることを，自覚してもらいましょう．つまり，「神が，あなたがたのことをこころにかけていてくださるから」（ペトロの手紙一 5：7），主にあらゆる重荷を委ねて，すべてを主イエスに打ち明けることで，自分たちの日々の生活の細かなすべてに至るまで主イエスと結び合っているべきなのです．

さらに，教会員が日曜学校やその他の場所で貴い御言葉の種を蒔くような場合があるかもしれませんが，家庭でも仕事場でも知人同士の間でも，どこにでも自分たちが果たすつとめがあると自覚すべきことに気づいてもらいましょう．彼らが常日頃から接している人たちの霊性を願い求めるよう，奨めましょう．彼らの言葉だけでなく生活も，シャロンの薔薇のように香るべきです（雅歌 2：1）．機械工，事務員，主人，女主人，使用人，教師，女性家庭教師としての慌ただしい一週間，月曜の朝から土曜の夜まで，生ける手紙となって，安息日に教わる貴い教えを繰り返し告げ，その証し人となるのです．

昔のキリストの教会の内部文書はわずかしか現存していません．その理由は理解できますし，それに，際限なく本が刊行されているような今日ですから，歴史を本にして後世に残す要請はよりいっそう高まっています．過去をしっかり振り返るなら，かつては兄弟姉妹，友人，仲間の回心に向けられていた熱意や努力が，今では日曜学校や公的に有益な活動などにも向けられているというのは，着目すべき状況です．わたしたちは皆，最も身近なところに対して常に最も傾注すべきであることを自覚しておくべきです．それが義務ですが，他方で，その他の事柄も置き去りにされてはいけません．

長老が教会員を良い働きへと奮起させるもう一つの理由は，キリスト者が努めて他者に良いことをしようすることで，より豊かな霊的な健やかさや祝福が得られる，という点は忘れられてはなりません．運動は心身の健康のために不可欠です．魂が病み，落ち込んでいた人が，キリストのために働くことで得た新鮮な空気と運動によって良い効果が得られたことに，

長老たちは皆気づいているはずです．多くの人が，自分の霊性が病んでいるとしか感じられない状況から，幼い子どもたちに十字架の話をわかりやすく教えられるまでに向上したというのは，まるで死んでいたのに生き返ったかのようです．自分たち自身のことだけに夢中になることは，わたしたちを健康にも幸せにもしてくださる神のみ旨に適ってはいません．

学びのための問い

1. あなたの教会の教会員は，キリストの働きにどれくらい参与していますか？ 個人単位で，地域規模で，また全国規模でのキリストの働きに関心を寄せる教会員たちに対し，長老たちが手伝える具体的な方策をいくつか挙げてみてください．

2. ディクソンは「家庭のつとめをおろそかにする」ことのないように，とわたしたちに忠告します．妻や母親たちに，自分の家庭のつとめを奨励するために，長老たちは何をすることができますか？

3. あなたの伝道計画の全体的な力強さを評価してください．教会員はどれほど祈りに参加しているでしょうか？ あなたの教会の教会員は，伝道の働きに物惜しみせずにどれほど参与していますか？ 誰が宣教者としての訓練を受けて派遣されようとしているでしょうか？ 教会員がもっと個々に福音の地球規模の働きに参加するようになるために，長老はどう支援することができますか？

4. あなたの教会をとおして，人々が主の御業を行うようになるにはどのような方法がありますか？ あなたはどのように，最も効果的に，人それぞれの霊的な賜物に応じて，人々を奉仕へと導いたり訓練したりすることができますか？

5. あなたの教会は青年たちをどのようにミニストリー（教会のつとめ）へと訓練していますか？ これについて，あなたの教会のミニストリーが成長するための実践的な方法にはどのようなものがありますか？

6. なぜキリスト者が良き働き人になることが大切なのでしょうか？ わたしたちが恵みにおいて成長する上で，わたしたちの日常の働きがどう役立つのですか？ 細かな日々の働きの中で，どのような仕方で「主イエスを証し」していますか？

7. キリスト者たちが，家庭で，職場で，そして親しい友人たちに，霊的に良い働きをしようとするとき，何ができるでしょうか．具体的にいくつか挙げてください．どんなふうに良い働きがわたしたちの霊的な成長を促すのでしょうか？

11

教会員同士の交流

　わたしたちの会衆の中にある一つの重大な悪弊は，特に大きな町にある教会では，多くの教会員がお互いのことをよく知らない，またはお互いについて関心を持たないことです．天国で友人に再会することは恵みの希望です．しかし，まずは地上でお互いに知り合いましょう．実際，同じ通りに住み，長年同じ教会に通っていながら，「お互いに紹介されてもいませんから」と，道で会っても親しく会釈を交わしたこともない，という話を聞いたことがあります．善良な人たちなのですが，あまりに堅苦しく不自然です．毎週，安息日に二度，共に礼拝を守り，同じ聖餐の食卓につくことは，当然ながら，互いに知り合うのに十分です．エジンバラのジョン・ブラウン博士[55]はこの傾向を察知し，若い陪餐会員と聖餐に新たに加わった人たちの名前を呼んだ後に，大勢の会衆に向かって「今，わたしがこの方たち皆を個人的に，皆さん一人ひとりの教会員に紹介したと思ってください」とよく言っていました．

　神は家族に特有の連帯感を与えられました．教会員の間にも家族的な思いがあるはずです．長老はこの思いを，特に自ら担当する地域の人たちに

55）　ジョン・ブラウン（John Brown 1784－1858 年）は，非常に有名なハッディントンのジョン・ブラウン（John Brown of Haddington 1722－2787 年）の孫で，エジンバラの牧師であり，また聖書解釈学の教授だった．

浸透するよう努めなければなりません．長老は近隣の教会員がお互いに関心を持つようになるように努めます．彼らが互いに進んで親切や思いやりを示すようになれば，長老のつとめを助けることになるでしょう．総じて，苦悩のときに，キリスト者の隣人ほど頼れる人はいないでしょう．

　数年前にコレラがエジンバラを襲ったとき，ある家庭に（わたしが担当する地域の家庭でも教会員の家庭でもない）普段は見かけない二人の子どもがいました．わたしが二人にどこから来たのか尋ねると，その家の父親からこんな答えが返ってきました．「ええ，二人はこの家の隣に住んでいました．ある晩，彼らの父親も母親もコレラに感染して亡くなりました．妻もわたしもこの可哀想な子どもたちを引き取るしかありませんでした．わたしたちは貧しいですが，何とかできないことはないだろうと思いました．そして，その通りだとわかってきたところです」．そうです，その善良な人は正しかったのです．聖書にこう書かれています．「いかに幸いなことでしょう，弱いものに思いやりのある人は．災いのふりかかるとき，主はその人を逃れさせてくださいます」（詩編41：2）．

　教会員が互いに知り合うことに関連して，教会は扉を叩いてくる新来会者に対し，親切心も歓迎の心も不足していることについて一言述べます．新来会者は，長老や執事などの職務に携わる人たちから，心から歓迎されるべきです．教会員はいつでも進んで彼らに席を譲るべきです．開かれた教会の扉は御言葉を響かせなければなりません．「渇きを覚えている者は皆，水のところに来るがよい」（イザヤ書55：1）．「"霊"と花嫁とが言う．『来てください』」（ヨハネの黙示録22：17）と．そのように歓迎する思いが欠如していたために起きた，残念な痛ましい結果をいくつも話すことができますが，一例にとどめます．数年前，人気があって出席者の多い教会に，ある青年が足を運びました．彼は会衆席に座りました．すると間もなくして，その席に座る正当性を主張する人から，不躾に移動させられました．彼はその日以来，その教会に二度と来ることはありませんでした．（彼の友人から聞いたことですが）彼の自尊心はひどく傷つけられ，キリスト

者らしくない思慮を欠いた無礼な行動が，キリスト教と安息日に対する憎しみの原因となりました．長老は言葉と模範によって新来者を歓待することを忘れないようにしましょう．敬虔な牧会の働きに偶然にも出くわすことで，その日が決して忘れられない日になることもしばしばあります．

　経験の少ない長老は教会員について軽率な見解をもつ傾向があります．もしその人が自分と同じ様な霊的経歴やその実態を具えてなければ，キリスト者では全くないとみなす傾向があるのです．葡萄園の管理人と同じように未経験なために，全く同じ成長過程で，自らの想定どおりに成長しない木は生きていない，と考えてしまうのです．エジンバラの故トゥィーディー博士は，ある時わたしに「あの人は真の信仰者であるのか，それともそうではないのかと，誰に対しても考えたり口にしたりすることに，わたしは日々ますます慎重になっている」と言いました．[56]長老は自分の担当地域での僅かな短い経験からも，恵みの御国には自然界と同じ程の多様性があることを教わります．主はご自身の絶対的かつ多様な方法で主の民を招き，育くみ，御国へと伴って行かれます．

　長老は教会員が皆，教会，会衆，礼拝，集会，学び，伝道などに深く関心をもつようにします．所属する教会と会衆にそれほど関心を払わないのは，教会員としては不健全な兆候です．教会員は教会の事柄について妬んだり，不平を言うのを避け，むしろ，心から喜んで温かい関心をもつようにします．市民生活も教会生活も，この世の多くの事柄は，本来あるべき望ましい姿ではありません．しかし，わたしたちは不満を言わないようにしましょう．そこにある良いものに感謝し，しっかり責任をもって，より良くなるよう努めましょう．使徒言行録28章3節のパウロのように，わたしたちも，他の人々がただ寒さを嘆き叫んでばかりいるときに，薪の束

56）　ウィリアム・トゥィーディー（William Tweedie 1803－1863 年）は多作の作家であり，またロンドンやアバディーン，そしてエジンバラで，自由教会の牧師として仕えた人物.

を集めましょう.

　長老は世俗の事柄について助言を求められることもしばしばあるでしょう. 多くの場合, 長老はそのような事柄について助言を与える適任者であり, 家族に利害関係のない唯一の友人ですから, それはまったく当然のことです. 特に助言を求められた際に, 助言を与えることは大変正しいことでしょう. しかし, 教会員との世俗上の関わり, いさかい, 悶着に巻き込まれるのは極力避けましょう. もちろん, 賃貸料などの債務の保証人のような, 直接の金銭的責任にはくれぐれも用心しましょう. 調和と愛を相互に結び合わせるために, わたしたちにできることはたくさんあります. しかし, わたしたちの善意が非難される危険を冒すまでに干渉してはなりません. わたしたちのつとめも働きも, 霊的なものです. 教会員に対するわたしたちの使命は, 「わたしが求めているのは, あなたがたの持ち物ではなく, あなたがた自身だからです」(コリントの使徒への手紙二 12：14).

学びのための問い

1. 「お互いが互いに関心をも」てないことは「重大な悪癖」である, とディクソンは論じます. 各個教会の生活の中で, この重大な悪癖はどのような結末を迎えるでしょうか？

2. 長老たちは, どうすれば教会員の間の「家庭的な感覚」を促すことができますか？

3. あなたの教会は効果的に, 来訪者たちを迎え入れていますか？ 新来会者への歓待の心を示すうえで, 長老たちの役割は何でしょうか？

4. ディクソンは, 世俗の事柄について助言を求められた長老たちに, どのような実践的な手引きを提供していますか？ 彼が言っていることに, あなたが付け加えた方がいいと思うことは何かありませんか？

12

牧師や長老会との長老の関係性

　牧師と長老との関係性は特別なもので，とても重要です．同じ群れを見守る者として厳粛に按手を受けて，同じ主に仕えながら，御言葉が自由に進路を開き，御言葉に栄光が帰されるように，彼らは親愛の情をもって，誠実に協働すべきものです．

　あらゆる仕方で —— 牧師と親しい関係を保ち，じっくりと話し合い，牧会の成果を収穫するよう努めて —— 牧師の働きを支えるのが，長老の責務であり，また特権でもあります．助けを求める牧師からの呼びかけに，いつも喜んで応えましょう．そうして，雑務や日常の業務から牧師を匪放し，研鑽と牧会に専念できるよう支えます．

　長老は会社での仕事で，日常のきりのない雑務には慣れており，上手く，簡単かつ迅速に，対処することができます．牧師の仕事の多くは，絶えず思索することにあり，牧師にとっては日常の雑用の多くが重荷となります．わたしはある時，牧師が率直に口にした言葉に衝撃を受けました．祈祷会を行い，奨励のメッセージを伝えることによって，貴重な援助をしてくれる長老が何人いたとしても，けれども，「牧師が本当に必要としていたのは，面倒なことを引き受けてくれる人々だったのです」．

　祈祷会に毎回出席することは，わたしたちにとって良いだけでなく，会衆の模範となるためにも良いことです．安息日に牧師が毎回説教壇に立つように，長老も時間どおりに定席に着席しましょう．正確に言えば，牧師

にはどうしても対応しなければならない他所での任務を負うこともあるという点も考慮すれば，長老が出席を厳守することはよりいっそう大切なことです．エジンバラの優れた人物だった故ヘンリー・ワイト牧師[57]は病気のために礼拝を欠席し，すべての仕事を同労者に委ねなければならなかったとき，教会宛てに次のような手紙を書き送りました．「牧師のつとめを熱心に待ち受けて，牧師を励ましなさい．このことがどれほど牧師を元気づけ，慰めとなるか，想像できないほどです．しかし，牧師をないがしろにするなら，これとはまさに真逆に作用するでしょう」．このことが会衆に対して言えるのなら――疑いもなく真実なのですが――長老や他の職務についている人たちにとってはなおさらのことです．

　数年前に，わたしはスコットランド自由教会の全体総会の代表者として30もの教会を訪問する特権が与えられました．それらの訪問の間に見聞きしたことから，キリスト教の霊的復興と健全な存続のためには，神の祝福のもとに牧師と長老が心から協力し合うことが大切であると強く確信するようになりました．同じ畑で働く同労者たち全員の間に祈りと労苦における愛の交わりがない所で，もし豊かな実りが収穫されたなら，それはわたしたちには何ら収穫を期待する権利もない，一種の奇跡でしょう．

　長老たちは，牧師が経験できないような経験を積んでいるわけですから，長老の助言は牧師にとってしばしば有益なものとなります．わたしたちの教会の牧師たちは，少なくとも八年間ほど学んだ後，対人的また諸々の事柄についてほとんど経験を積まぬまま，若くして教会に赴任します．そのような若い牧師たちが，実践的なことについてたまに間違うことがあっても，何ら不思議ではありません．しかし，全体的に，牧師は正しく賢明に行動します．経験ある長老から受ける親切な提言を，牧師が歓迎しないことはまずありません．ある牧師は，教会に赴任した際に，一人の長老から

57）　ヘンリー・ワイト（Henry Wight）牧師は，1801 年に生まれ，1861 年に死去した．

賢明な勧めを受けたことを，わたしに話してくれました．その長老は，なかでも特にパリッシュ内のゴシップには加わらないよう忠告しました．「ゴシップが聞こえてきたら，そのゴシップに加わらないだけでなく，彼らの言うことは信用しないと言ってもいけません．何も言ってはいけません．その問題について完全に沈黙を貫くことは，あなたを守るだけでなく，ゴシップを広める人たちに対してこれ以上ない叱責となります．彼らはすぐにゴシップであなたを困らせることを止めるでしょう」．その忠告は健全かつ適切です．

　長老たち世代の経験やこの世で積んできた経験，また地元に関する豊富な知識を持つ長老をとおして，若い牧師が学ぶことは多々あります．長老は，人々が最も必要とする指導，相応しい説教のスタイル，祈りの課題，訪問の計画などのために有益と思われる助言を，もちろん思慮深くかつ内密に，牧師に与えることが長老のつとめであると心得るべきです．牧師にとって，経験から得たそうした助言は貴重です．会衆の霊的な関心と関わり合うすべての事柄において，牧師と長老の間に常に親しい温かな信頼関係がなければなりません．長老は，牧師が新たに良いことをしようとして懸命になって取り組むあらゆる提案を，歓迎し，支えるべきです．不必要な異議を唱えず，むしろ可能な限り励ますべきです．

　長老が温かな心で牧師の仕事に共感すること以上に，牧師を助けることはありません．健康や収入，家族の養育など，人生のあらゆる局面で，心配事や不安があります．しかし，生涯にわたって抱えるこうした心配事に加え，キリストに仕える誠実な牧師にさらに課せられる配慮と職責は，なんと重いことでしょう．どんな仕事も職業も，牧師のそれとは異なります．人間の労働のどの領域でも，牧師ほどの自己犠牲は見られません．1843年に，救い主を見たこともないのに愛し（ペトロの手紙一1：8），救い主の召しに応えて，世俗的なもの一切を放棄したスコットランド[58]の幾百人

58）　ここで，ディクソンは教会大分裂につて言及している．それは1830

の牧師たちの姿を目の当たりにして，世界は驚愕しました．人間は科学や哲学を愛するがゆえにそのような自己犠牲を払ったことがあったでしょうか？しかし，それは無駄な犠牲とはならず，多くの人々が一斉に同じ行動をとりました．それは，いまだかつて見たことのない出来事でした．神の真の教会の歴史をとおして，多くの場合，牧会の配慮と重責のもとで真剣に人の魂の救いを求めながら，土の器の身を投げうつような数多く自己犠牲が払われてきました．エアーのジョン・ウェルシュ[59]は，自らが責任を負う 3000 人の魂のために祈らずに眠りにつくことはありませんでした．誠実な牧師は，責任の重荷を負いきれないと感じます．頭脳も心も体も使い，決してその働きが終わることはありません．

　真摯にそして心から牧師に共感し，牧師のために熱心に祈ることは，会衆のつとめであり，わけても長老たちのつとめです．この共感は素晴らしい力です．「あなたがたはこのように，わずか一時もわたしと共に目を覚ましていられなかったのか」（マタイによる福音書 26：40）.「あなたがたも離れて行きたいか」（ヨハネによる福音書 6：67），「ペトロおよびゼベダイの子二人を伴われたが，そのとき，悲しみもだえ始められた」（マタイによる福音書 26：37）.　もし大牧者の人間としての心が人間の共感を求めたのならば，もし主なる神の聖なる御心がご自分の弟子たちが傍に共に

　年代から 1840 年代の前半にかけて，スコットランドの教会内で生じた大規模な分裂闘争で，450 名以上の牧師たちが，エジンバラでの全体総会の会場から出て行き，スコットランド自由教会を結成した 1843 年に最高潮を迎えた．自由教会を結成した人たち —— ディクソンもこちら側に属していた —— は，教会はいかなる霊的な事柄についても国家の介入から独立しているべきであると確信した福音主義の人々だった．

59）　ジョン・ウェルシュ（John Welsh 1624－1681 年）はジョン・ノックスの孫である．彼は 1653 年に牧師となる按手を受けたものの，1662 年に既成の教会から追放された．彼は説教するためにスコットランド南西部の野原にしばしば集まった．1674 年だけで，一万人以上もの魂に対して彼は説教したことが，記録に残されている．

いることで慰められたのならば，主の僕たちが道々でこの（共感という）憩いの水辺から飲むことで力も喜びも得るというのは，素晴らしいことではありませんか？

　長老は牧師の働きに共感するつとめを十分に果たし切れていないとの強い確信から，わたしはこの話題についてとても多くのことを述べました．今日のスコットランドは，宗教改革以来，牧師に依存するところが多いのですが，今日のスコットランドほどに有能で熱心な牧師が大勢いたことはありません．特に，あまりにも多くの人々によって，牧師の職務と働きについて無知なままに軽々しく語られる昨今，積極果敢に牧師に誠意を示すことが長老のつとめです．

　エトリックのトーマス・ボストンは『回顧録』の中で，1709年7月にペンポントの地で聖礼典を補助し続け，病気になり，亡くなったウィリアム・ビッガー長老について，こう述べています．

　　"彼が語った最後の言葉は次のようでした．「さようなら，太陽，月，星．さようなら，愛する牧師！そして，さようなら，聖書！」．この最後の言葉は特にわたしの印象に深く刻まれるものでした．彼はわたしに会うたびに神に感謝しました．それはわたしにとって少なからざる慰めでした．この良き慰めを与えてくれた同労者，支えてくれた人，その中でもかけがえのない人を，主はわたしから引き離されました．彼はいつでも牧師たちの友でした．貧しい人でしたが，良い目的のためにはいつも知恵を働かせました．彼は誠実で，有為な長老でした．彼は罪を即座に叱責しましたが，それが実に当を得ていて，訓戒すべき事柄において，彼がとっさに口にした言葉の内にはある種の優しさがあり，誰も彼の叱責を不親切とはみなしませんでした．彼は非常に思いやりがあり，敬虔で，本当に善良な人物でした．神さまのものとされたわたしがお仕えする，その神さまの祝福が，今より後，子々孫々にわたって，ビッガー家にありますように！"[60]

60）　サミュエル・マクミラン編集によるエトリックのトマス・ボストン著作集全12巻の第11巻に収録されている，トマス・ボストンの『思い出（*Memoirs*）』212頁からの引用．

長老会で取り扱うべき事柄についてはふれませんが，長老たちには，定期の長老会に出席することの重要性を強調します．健康が許す限り，会議には毎回出席すべきです．そうでなければ，会衆に関する職務についての理解に遅れをとり，熱意が薄れます．牧師にとっても長老にとっても，長老の出席が少ないことは落胆させることであり，憂鬱なことです．取り組みが遅れる原因となり，不都合が生じます．会衆にとって害になることも起こりかねません．長老会は，長老たちの家庭に迷惑をかけてしまうほどに頻繁に開催したり，時間を延々と長引かせたりしてはなりません．

　実務やその他のための定例の長老会と関連づけると，定例の祈祷会も長老たちによって維持されるべきです．礼拝開始前の短い時間に牧師と長老が共に祈りを合わせる教会もあります．夕礼拝の後に，短時間の会合を開く教会もあります．そこでは，長老は牧師に病床の人たちについて報告し，話し合います．

　定例の長老会では，一，二名の長老が訪問した時の詳細や，自分が担当する地域での関心事などがあれば，簡潔に話すよう求められることも，長老が担当地域の人たちを積極的に見守る動機となります．こうして年間をとおして，長老会ではすべての長老からすべての担当地域の話を聞くことになります．このことは，訪問を奨励するだけでなく，長老会において会衆が一つであることを実感させます．ある長老の報告が，他の長老にとって非常に役立つこともあるでしょう．牧師もまた「長老の一人」ですから，牧師の経験や訪問の方法について報告することもあるでしょう．この方式は，実際に興味深く，有益でした．

　教会によっては，冬の期間は月に一度，長老が互いの家にお茶を持ち寄って集まります．その後，祈り，会議を開きます．長老は担当地域の執事たちと頻繁に情報交換し，助けを必要としている人について助言すべきです．さまざまな基金の募金活動や申し込みのあった署名を集める活動をできる限り助けます．執事のいない教会では，長老としてのつとめだけでなく，

長老が執事のつとめも兼担することになるでしょう．しかし，長い年月が経過してしまわぬ内に，聖書的な執事の職務がすべての長老教会にあることが望まれます．

　最近，国内のさまざまな地域で，長老同士の連帯が形成されています．いくつかの教会の長老たちが一同に会し，長老のつとめについて協議し合い，互いに励まし合い，共に祈ります．教会に対する礼儀や不文律を意識するあまり，他の教会の教会員が数人いる村で新たに活動を始めることは教派的な警戒心を引き起こすとの恐れから，村や地方が放置されてきたことこそ危惧すべきです．このようなことがあってはなりません．それぞれの地域のさまざまな教会の長老たちが自由に共に集えば，よい成果を生むことの方が多いものです．兄弟姉妹が共に集い，協働するのは，楽しいだけでなく，良いことです．彼らは魂に配慮する人がいない近隣の地域のために対処しつつ，働きを共に分かち合うことができます．

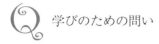 学びのための問い

1. 長老たちが牧師を支援できる実践的な方法にはどのようなものがあるでしょうか？ なぜそのような支援が大切なのですか？ 宣教長老と治会長老たちは互いのために，どのように祈り合うべきでしょうか？

2. あなたの教会では，長老たちの賜物が牧師の賜物をどのようにして補っているでしょうか？ あなたの牧師は今，どんな助けと支援を必要としているでしょうか？ あなたは牧師をどう支えているでしょうか？ あなたが牧師の働きを妨げていることは何かないでしょうか？

3. 長老たちが牧師を支える一つの方法は，その教会にとっての良い実例を提示することによります．牧師を支える実践的な例をいくつか挙げてみてください．

4. 長老たちが牧師に助言する際の最善の方法とはどのようなものでしょうか？ どんな助言が相応しいでしょうか？

5. 牧師が負う特別な重荷にはどのようなものがあるでしょうか？ ディクソンが主張するところでは，長老たちが牧師を助けられる最善の方法とはどのようなものでしょうか？ 彼の主張に同意しますか？ それはどうしてですか？ あるいは，同意しないのはなぜですか？

6. なぜ長老たちが公の礼拝や祈祷会，また長老会への出席を忠実に守ることが大切なのでしょうか？ あなたの教会の長老たちは，これらのつとめを実際にどれほど忠実に守っているでしょうか？

7. 長老たちが執事たちと協力して良い働きを保つためのいくつかの実践
   的な仕方を挙げてみてください．長老たちと執事たちは，あなたの
   教会でどれほど効果的に連携して働いていますか？ 特にどのような
   仕方で連携を密にさせるとよいでしょうか？

13

いくつかの出来事 ── 励ましや落胆 ──

　長年にわたって長老の職務に就いている人は，魂が揺さぶられた時の出来事，しかもその後も長く記憶に残る出来事を思い出すことができます．わたしが実際に目の当たりにした一,二の事例の思い出が，この章の興味を引立たせることでしょう．他にもいろいろありますが，わたしが個人的に関わった中で，その出来事の関係者全員の上を死の大波が過ぎ行き，親族の間にどんな心の痛みも呼び覚まさないものだけに限定します．

　ある夜，わたしは担当地域で暮らす教会員の一人で，気管支炎で苦しむ高齢の方から伝言を受け取りました．彼の家に行くと，彼は暖炉の傍に腰掛けていました．彼は手を差し出して，こう言いました．「さあ，わたしはようやく故郷へ帰ります．これまでも病気になりましたが，今度こそは最後だとわかります．わたしが死ぬ前に，家を整理するのを手伝っていただけないでしょうか？　わたしは今，救い主を探し求めなくてもよいことを，神に感謝します．銀行には幾らかの預金があります．預金を引き出して，葬儀の費用や墓地の費用を支払っていただきたいのです．借金はありませんが，大家さんには一か月分の家賃と敷金を支払ってください．それから,残金はすべて貧しい高齢のキリスト者のためにお使いください」と．このように彼は指示しました．しかし，残金を受け取るのはためらわれ，彼が今の病気から持ち直すことを願っている，と言いました．わたしの声は彼に聞こえていたはずですが,あたかも聞こえていないかのようでした．

しかし，彼の希望が主イエスにあることを話すと，すべては揺るぎなく堅固に見えました．錨は天国に降ろされ，彼はこのように言うことができました．「恋しいあの人はわたしのもの，わたしはあの人のもの」（雅歌2：16）．彼は長い年月にわたって，堅実なキリスト者でした．寡黙でしたが，人生においてしっかりと自らの立場と自らがとるべき手段をよくわきまえ，神の貴い目的のためには非常に寛大でした．彼には生存している親戚が誰もいないのがわかっていましたので，費用を先払いして葬儀の準備をするという奇妙な仕事を引き受けました．その見積もり書を彼に手渡すと，彼はいささかもひるまず，ざっと目をとおしました．彼は自分の死と向き合うことができました．彼にとって死の刺は失われ，すでに勝利は勝ち取られていました．彼はわたしに残金を手渡し，こう言いました．「本当にありがとうございます．救い主とお会いするつとめ以外にやり残したことは何もありません」．

　次に彼を訪問したとき，彼はベッドに横たわっていました．病状は明らかに悪化していました．そして，ある安息日の夜，わたしが最初に尋ねてから一週間も経っていませんでしたが，彼は旅立とうとしていました．わたしが詩編23篇を繰り返し読んだ後，彼は愛情を込めてわたしに別れを告げました．その三時間後，彼は主イエスに結ばれて，就眠しました．彼の愛すべき遺贈は豊かに祝福されたことを付言しておきます．それは寡婦の油壺のように[61]，絶えることなく役立てられました．多くの貧しい人たちがその遺贈に助けられました．

　「あなたのかんぬきは鉄と青銅．あなたの力はとこしえに続く」（申命記33：25）．生涯にわたって死の恐怖に囚われていた人たちにその最後の敵が近づいたとき，長老はこの約束が成就する出来事をきっと目の当たりにしてきたはずです．主は，死に逝くときも，臨終の恵みを与えてくださ

61）［訳者註］列王記下4章1－7節で，夫の負債を負った寡婦が預言者エリシャに助けを求める話に因んだもの．

ます．しかし，その恵みが，わたしたちが健康で体力もあるときに与えられることは，まずありません．有益な人生が格別に約束されていた親しい一人の若者が，数日間病で苦しんだ後，予期せぬ事態が起き，致命的な症状が現れ始めました．その日の午後，彼はわたしを呼び，彼自身について告げられたことを，そのままわたしに正確に話しました．彼は，恐れと信仰とが混在した複雑な表情を浮かべながら，「死の川を渡るまで，自分の傍にいて欲しい」とわたしに頼みました．ほんの数時間が経過しました．彼の顔は時間とともに，優しい輝きを放ちました！彼は「死の陰の谷を行くときも，わたしは災いを恐れない．あなたがわたしと共にいてくださる」（詩編23）との約束の実現の喜びに溢れた証しを与えてくれました．信仰者の死の床で，その臨終の場面に立ち会ったことのある人たちは，そのとき傍らに立つ者が主イエスの臨在を実感させられる，何か特別な気づきを経験したことがあるはずです．逝ってしまうというよりも，魂がいっぱいに満ちて，何かが入っていくという感覚です．別れではなく，喜び溢れる歓迎です．詩編45篇に記される，王妃に与えられる約束を思い起こさせます．「彼女らは喜び踊りながら導かれて行き，王の宮殿に進み入る」（詩編45：16）．「主はわたしのために，すべてを成し遂げてくださいます」（詩編138：8）．わたしたちは，信仰者が死に逝く際に，この御言葉がどのように実現するのかをしばしば目の当たりにすることができます．長年にわたり病気を患った女性は，罪の重荷を主イエスに委ねることができました．しかし，彼女の心には一つの重荷がありました．それは病弱なひとり娘についての心配でした．このこと以外は，すべて主に委ねることができるのですが，と彼女は言いました．ある日，わたしが彼女を訪問すると，その娘さんが言いました．「母は，もうじき天の故郷へ帰ると思います．母はわたしを主イエスにお委ねした，と言いました」．その通りだとわかりました．彼女はこの重荷を長らく自分ひとりでもってきた不信仰を嘆きながら，契約の神によって無償で与えられる恵みの約束にすべてを委ねて，歓喜しました．それがわたしの最後の訪問となりました．彼女はそ

の夜,「永遠に主と共にいる」(テサロニケの信徒への手紙一 4：17) ために,
天の故郷へ帰っていきました.

　長老は,誠実につとめを果たすときに,自分たちに備えられているたく
さんの魂の糧に与ります.「主に望みをおく人は新たな力を得,鷲のよう
に翼を張って上る.走っても弱ることなく,歩いても疲れない」(イザヤ
書40：31).わたしたちは,無駄に主に仕えるのではありません.サムエ
ル・ラザフォード[62]が言うように,「他の人々のために主に仕える人は,自
身も必ず何かを得ます」.人々を潤すとき,わたしたちの魂も潤されます.
わたしたちは,ただ任務を課し,自己責任で戦場に送り出すだけの,非情
な主人に仕えているのではありません.そうではなく,任務とともに,約
束の恵みも伴い,特権が与えられます.

　さらに長老は,来る年も来る年も,小さな群れを世話する中で,多くの
ことを教えられます.1844 年に執事として按手されたとき,わたしの担
当地域に著名な愛すべきキルマニーの伝道者アレクサンダー・ペイターソ
ン[63]がいてくれたことは,わたしにとって特権でした.もうすでに逝去され,
報いを受けて久しいその「老齢の弟子」から,わたしは多くの教訓を得
ました.

　「どんな人生からでも教えられます」との言葉は,特にすべてのキリス

---

62)　サムエル・ラザフォード(Samuel Rutherford 1600-1661 年)はスコッ
　トランドの最も偉大な神学者の一人で,政治理論家だった.最も影響力
　があった彼が書いた書物は『法と王(*Lex, Rex*)』(1644 年)で,その中
　で彼は王権神授説を批判するとともに,国民は自分たちの国王の権威を
　承認しなければならない,と主張した.それと同時に,ラザフォードは,
　市民には,暴君に対して抗うことのできる神から与えられた権利がある,
　と信じた.信仰についての彼の著作,とりわけ何度も版を重ねている彼
　の『手紙』(1664 年)は,教会にとって非常に有益なものとして色あせ
　ていない.

63)　アレクサンダー・ペイターソン(Alexander Paterson 1790-1851 年)
　はスコットランドのキルマニーの牧師だった.

ト者に当てはまります．わたしは過去三十年間に逝去したすべての友人の名簿を保管しています．今や膨大な名簿となりましたが，その中に「完全なものとされた」（ヘブライ人への手紙 12：23）多くの人たちの名前があります．これらの多くの名前を思い起こすと，わたしの記憶にいつまでも残る有益な教訓があることに気づかされ，感動を覚えます．このように，一人ひとりの長老が，自分に託されている人たちから，新たな発見をするでしょう．一人ひとりのキリスト者が，聖霊のいくつもの恵みについての生きた教えとして，長老の記憶に残っています．長老が担当するぶどう園の小さな一区画においてさえ，どれほど多くの人たちが，神の愛と誠実さを証ししていることでしょう！ このように，あるいはまた他の多くの仕方で，長老のつとめは報われます．

　ここでもう一言付け加えます．長老一人ひとりは，はっきりとした目的だけでなく，はっきりとした実行計画も持つべきです．そうして，長老は自らのため，また自分に託されている人たちのために計画を実行していくうえで，常に新しい提案を取り入れる心積もりでいることがとても大切です．折りにふれて，細部に変化を加えることで，新鮮さや興味も得られ，単調さや形式偏重を回避することになります．計画をあまりに頻繁に変更することは避けなければなりませんが，変化のないマンネリ化を避ける必要もあります．実践的な経験を積んだ利点を活かしながら，計画を実行していくべきです．

　長老は，それに値しない者であるとの謙虚な思いにさせられながら，誠実にそして祈りをもって働き，祝福をめざし，期待します．蒔いた種には実りがあります．それは約束されています．たいていの場合，必ずしも実ることが約束されていなくても，わたしたちは実りを目の当たりにするでしょう．つとめを終えた後，その報いを思い返して，彼らの非常に多くの良い行いが知られているにもかかわらず，この世では，ほとんど何も，または，全く何もできなかった，と考える長老がいます．他方で，同じ状況でも，成果をあまりに過大評価しがちな長老もいます．主がわたしたちの

働きを祝福してくださることがわかれば，非常に励まされますが，わたしたち自身が無事にたくさんの実りを見ることができるためには，豊かな祝福が必要です．チャーマーズ博士[64]は，彼の説教を聴いて回心した人のことを聞いたとき，「とても謙虚にさせられます」と言いましたが，すべての人が，そう言えたり，そう感じたりすることができるわけではありません．

　次に，わたしたちは「一人が種を蒔き，別の人が刈り入れる」（ヨハネによる福音書4：37）という神の御言葉の大原則を忘れがちです．海で溺れかけた人を助けるとき，一人めは危難を知らせ，二人めはロープを運び，三人めはそのロープを投げ，四人めは岸に引き上げます．彼ら四人全員がその人を死から救う手段として用いられたと言えるのは確かです．一人ひとりの過去の来歴や経験が証明するように，魂の救いについても同じことが言えます．神はすべてに働いておられます．しかし，神は民を選び集められるために，いくつものさまざまな手立てを用いられます．「それは，だれ一人，神の前で誇ることがないようにするためです」（コリントの信徒への手紙一1：29）．わたしたちの貧しい心は，ひとりの罪人を救うための唯一の器として用いられる功績を獲得しようとすることが，どれほど多いことでしょう！そうではなく，むしろ，わたしたちの働きと人の救いの間には何の必然性もないと知るところにこそ，有用性は増すと信じています．このように考えることは，ある意味，心持を謙虚にさせられ，それはわたしたちの内にあるあらゆる高慢を排除します．多くの人にとって，良い行いは彼らがそれに相応しい者になるまで隠されていた方が良いのです．しかしながら，わたしたちは大それたことはできなくとも，小さなことならばたくさんできる，という点にとても励まされます．主イエスが罪人を招くその愛と恵みの連鎖において，たとえ最も小さく，最もつたないつなぎ目にでもなれるなら，大いに悦びましょう．わたしたちにとっ

64）　トマス・チャーマーズに関する詳細は48−49頁の註23を参照．

て，また，わたしたちが愛する魂にとって，初めから終わりまで，「救いは，主にこそある！」（ヨナ書2：10）ことは何と素晴らしいことでしょう！

ぶどう園の他の労働者たちと同様に，長老も親切に行動し，見守り，そして祈ることが，とても必要です．利己的な思いや，人から気に入られようとする思いは，きわめて容易に忍び込み，わたしたちの動機や行動の力を鈍くします．敵は悪の業をなすべく，神の民を大いに利用することができます．良い人を賞賛することは，ある意味では，そうでない人々を褒めることよりも陰険かつ危険です．聖書が奨めるのは，追従するお世辞を言うことではありません．しかし，この世にはタイミング悪く不必要に賞賛することで，大きな害を及ぼす善良な人たちがよくいます．そのような褒め言葉は，彼らがほめそやした人たちの魂の中でカビのようにはびこっていくことがあります．「愚か者の口から出た言葉でも，お世辞は甘い」とすれば，「そのように善良な人々」から出た言葉は，貧弱な，完全には聖化されていない人の心にとってはあまりに甘美で，それだけに危険であると言えるでしょう．直接的にも間接的にも，あなたがどれほど善人で，どれだけ多くの善行をしていることかと，いつでも褒めそやす人は避けなさい．

聖霊に栄光を帰しましょう．わたしたちはすべてを聖霊に依り頼みます．教会として，また会衆として，牧師として，長老として，聖霊に依り頼めば頼むほど，「わたしの源はすべてあなたの中にある」（詩編87：7）と言えるようになります．「主が日々救われたものを加え」（使徒言行録2：47），そして加えられた人たちが，「ただで受けたのだから，ただで与えなさい」（マタイによる福音書10：8）という御言葉に表された恵みを知ることがなければ，わたしたちは教会として存続することはできません．わたしたちは過去の祝福の記憶に生きることはできません．わたしたちは日々「再びわたしたちに命を得させあなたの民があなたによって喜び祝うようにしてくださらないのですか」（詩編85：7）と願い求めなければなりません．

長老がそれぞれに委ねられた人々を見守るつとめにつくとき，聖霊の祝福があるときにのみ，その限りにおいて，永久不変の良いことを彼らの魂にすることができる，と心に留めましょう．そして，この祝福は確実に与えられます．なぜなら，「約束してくださったのは真実な方なのですから」（ヘブライ人への手紙 10：23）．「このように，あなたは悪い者でありながらも，自分の子どもにはよい物を与えることを知っている．まして天の父は求める者に聖霊を与えてくださる」（ルカによる福音書 11：13）！

　長老は落胆させられる出来事にも直面します．教会員たち，キリスト者たちの内に，ある場合において，わたしたちの祈りが応えられる希望をほとんど見出せないことがあります．目標をめざして一所懸命に走っている人たちが妨害されることがあります（ガラテヤの信徒への手紙 5：7）．他の人たちにおいては，この世の思い煩いや富の誘惑が御言葉を覆いふさいでいるかのように見えることもありますし（マタイによる福音書 13：22），それにわたしたちは，天国へ満ちたりて入れるだけの十分な確信が欲しいと懇願する人々の臨終を見舞うかもしれません．しかし，おもな落胆はわたしたち自身の思い ―― つまり，わたしたちの冷淡さや不信仰，なまぬるさ，形骸化したおきまりの仕事感覚 ―― に由来します．

　主の確かな約束の言葉を覚え，祈りに応えてくださるという証しを覚えて，わたしたちは「主によって力を奮い起こそう」（サムエル記上 30：6）ではありませんか．キリストのための働きとして ―― 日曜学校の教師のつとめであっても ―― 長老のつとめにもまして，あらゆる川のほとりで種を蒔くよう励まされる人びとは他にいない，とわたしたちは確かに思います．そのような主なる神の家で，木を切る者や水を引く者とされているのは，素晴らしく光栄なことですが，わたしたちのつとめはもっと素晴らしいものです．花婿の介添人として，罪人が主イエスと一つに結ばれる結婚式を手伝い，その証人となります（ヨハネの福音書 3：29）．罪人の傍に立ち，神の救いを仰ぎ見ます．神の御手の業を見守ります．約束の地シオンへ向かう途上にいる，贖われた人たちを導き，励まします．彼らの多

くが無事に天の故郷に帰還するのを見届けます．これが誠実な長老に与えられる恵みの特権です．

　この地上で，わたしたちの主のためにこの奉仕のつとめに携わるのはほんのわずかな年月です．わたしたちの精神を尽くし，いつでも主に従い，長老のつとめに元気よく心から励みましょう．「そうすれば，大牧者がお見えになるとき，あなたがたはしぼむことのない栄冠を受けることになります」（ペトロの手紙5：4）．

学びのための問い

1. 長老としての働きの中で，あるいは他のキリスト者らしい働きの中で，あなた自身が経験した，最も人生を変えるような経験はどのようなものでしょうか？ あなたが仕えた人たちの中で最も印象深い人たちのことを思い出してください．あなたがその人たちから教わったことは何でしょうか？

2. 死にゆく人々に対し，長老が負う職責は何でしょうか？

3. 自らの働きに勤勉な長老たちに対して，神が約束してくださるいくつもの益と祝福を列挙してください．

4. 長老たちは「実行に移す確実な方策」をもつ必要があります．しかも，状況の変化に応じて，また自らのつとめに関する理解を深めるに従って，長老たちは自らの方策を喜んで修正する必要もあります．この『長老——そのつとめと実践』を読み終えた今，あなた自身のつとめの方策に付け加えるべき最も重要な修正点として，どのようなことが考えられるでしょうか？

5. ディクソンは「自己追求」や「人への甘言」に対して警鐘を鳴らします．あなた自身の生活とつとめの中で，あなたがこうした誘惑にどう直面したのかを述べてみてください．

6. 長老のつとめにおける聖霊の役割とはどのようなものでしょうか？

13. いくつかの出来事 —— 励ましや落胆 —— *143*

7. 自分たちの働きの中で，長老全員が共通して落胆することとはどのようなものですか？ その中で，あなたが直面した出来事は何ですか？ 長老が奮い立たされるための最大の源は何でしょうか？

訳者あとがき

　本書 は David Dickson,（edited by George Kennedy McFarland and Philip Graham Ryken）, *The Elder and his Works*, P & R Publication, 2004. の全訳です.

　著者デヴィッド・ディクソンについては 21 世紀版の編集者たちが「はじめに」で丁寧に解説しているとおり，18 世紀のイギリスのスコットランドのエジンバラで献身的に活躍した長老でした．したがって，本書が具える特徴は，牧師や大学で神学を講じる者の視点から書かれた，いわゆる「学術書」ではなく，神学校で神学教育を受けたわけではない，ひとりの長老として召された人物による，その長年にわたる長老としての豊かな経験に基づいた，長老のために，またすべての教会員のために書かれた，長老の「手引書」であるという点です．ですから，本書は，長老としての自らの職責に対し，光栄とともに，畏れと葛藤を抱えながら，自らが属する教会のために献身的に働いておられる方たちを対象に記されています．しかし，本書は実際の長老職に従事している方たちだけではなく，教会総会で「長老選挙」に票を投じる権利と責任がある以上，すべての教会員も「長老」について正しくかつ健全に理解するために本書を読んでいただきたいと思います．ましてや，長老制度において「宣教長老」である牧師も，本書からたくさんのことを学びとることができます．

　本書から，それぞれの教会が検討するに値するさまざまなヒントが得られるはずです．たとえば，「パリッシュ」という，各長老が担当する地域という発想は，スコットランドをはじめとする長老教会の伝統の中で培われてきた理解ですが，日本ではこれまであまり浸透してこなかったかもしれません．しかし，各教会で検討する余地はありそうです．それ以外にも，

長老のつとめとして，さまざまな点を再確認し，再認識する上で，本書はとても有益です．

　確かに，この本が記された19世紀半ばという当時の時代背景は，21世紀を生きるわたしたちの状況とはかなり異なりますし，ディクソンが描くスコットランドと日本では，社会的にも宗教的にも事情は異なります．本書中には，19世紀の当時，多くの富裕層の家庭で雇われていた「使用人」についての言及もあります．使用人の階層であれ，富裕層であれ，同じ一つの教会に連なる教会員であり，19世紀当時のスコットランドの人々の内にキリスト教の信仰と精神は深く根付いていました．しかし，21世紀の今日，スコットランドはもとより，先進諸国では「キリスト教国」としての意識は右肩下がりで希薄化の一途を辿っています．時代が変わり，価値観も変われば，その時代に応じた教会像，牧師像，また長老像を描く必要があるのもまた事実です．しかしながら，時代精神を超えているのがキリスト教です．本書は，今日から見て，過去の時代を生きたひとりの長老の「時代錯誤的な主張」を縷々述べたものではありません．本書は，時代を超えて，初代教会時代から脈々と継承されてきた長老という監督者のつとめの本質が何であるのかを，ひとりの長老の実践をとおして明らかにしています．読み手は，ひとりの長老としての生き様をとおして，長老とはどのようなつとめであるのかをしっかりと汲み取り，そして長老として，また教会員としての自らの職責や役割を吟味することが大切です．

　本書の翻訳は，日本基督教団十貫坂基督教会の会員である石田静江姉との共訳という形で行いました．石田がアメリカで出版された1984年版に則して各章の下訳を担当し，原田が本書の最新版である2004年版に即して，序章，および各章の註や問いの下訳を担当し，最終的に，原田が再度全体に目をとおして訳文を整えました．石田静江姉のお連れ合いの石田篤氏は，長年にわたり十貫坂教会の長老をつとめておられ，その活動は各個教会でのはたらきを超え，全国連合長老会でもさまざまなつとめを担っています．

さらに個人的なことを言えば，2010 年に原田はスコットランドでの留学から帰国し，2011 年 4 月から現在の職に就くまでのおよそ一年間，東京の府中市に居を構える石田家の一室に居候させていただき，東京神学大学やルーテル学院大学，上智大学などでの講義を受講する機会を提供していただきました．その貴重な一年の間の同居期間に共に取り組んだのが本書の翻訳でした．ですので，英語を日本語に変えた下訳自体は 2010 年の段階でかなりの程度仕上がっていたものの，出版に至らせるための訳文の精査がなかなか進まなかったのは，ひとえに原田の怠慢によります．協力していただいた石田姉にはただただ申し訳ない思いですが，こうして遂に刊行する運びとなり，遅ればせながら，2010 年のとても楽しく過ごさせていただいた日々への感謝とともに，本書を石田静江姉と篤長老に捧げたいと思います．

今回も日本基督教団大阪南吹田教会の秋山英明牧師が訳稿に目をとおしてくださり，欠訳箇所やいくつもの誤訳を指摘していただき，より適切な数々の日本語訳表現の助言をくださるなど，ご協力くださいました．これまで同様に，秋山英明先生の度重なる御助力に心から感謝いたします．こうした訳業のすべては教会形成に益することを願いつつ取り組まれた，わたしたちなりの献身です．その成果としての本書が，諸教会の読書会などで有効に活用していただけたら本望です．

本書の訳は一般の読者にも読みやすくすることを念頭に，これまで同様に，全体的に口語調の文体で整えました．十分に至らない点もありますが，その責任は訳者にあり，読者のお許しを請いつつ，ご叱正をお願いいたします．

最後に，「長老教会シリーズ」として海外の良書の訳書の出版を快く引き受けてくださる一麦出版社の西村勝佳氏に，心から感謝とエールを送ります．訳者を代表して．Soli Deo Gloria.

2018 年 7 月　宮城県仙台市にて

原田浩司

長老
——そのつとめと実践——

発行
2018 年 9 月 16 日　第 1 刷

定価
［本体 2,000 ＋消費税］円

訳者
石田静江・原田浩司

発行者
西村勝佳

発行所
株式会社　一麦出版社

札幌市南区北ノ沢 3 丁目 4-10　〒 005-0832
Tel.（011）578-5888　Fax.（011）578-4888

印刷
総北海

製本
石田製本

装釘
須田照生

© 2018, Printed in Japan
ISBN978-4-86325-116-8　C0016　￥2000E

———— 一麦出版社の本

宗教改革の問い、宗教改革の答え
——95の重要な鍵となる出来事、人物、そして論点　ドナルド・K・マッキム　原田浩司訳

プロテスタントの改革をめぐる問いにわかりやすく、簡潔に答える。『問い』に『前著』で取り上げたキリストの活き活きとした宗教改革の全体像を見事に明快に劇的、整理に簡潔に答える。『変えた「宗教複雑な宗教改革」を理解するための全体像を見事に最良の入門書！
A5判　定価[本体2000＋税]円

長老教会の問い、長老教会の答え2
——キリスト教信仰のさらなる探求　ドナルド・K・マッキム　原田浩司訳

新たな『問い』に、『前著』で取り上げた、みんなでより読みたい入門書。信仰を告白志願者の学びの会などに最適！新来会者やや信仰告白を志願する者、みんなでより読みたい入門書。新来会者やや
A5判　定価[本体2000＋税]円

長老教会の信仰
——はじめての人のための神学入門　ドナルド・K・マッキム　原田浩司訳

専門的な言葉遣いを避け、鍵となる神学的な主題をめぐる、すぐって。個人長老教会や学びがが何かを信じまた諸集会でての学びに最適！説明
A5判　定価[本体2000＋税]円

長老教会の大切なつとめ
——教会の優先課題を考える　ドナルド・マクラウド　原田浩司訳

わたしたちは、教会がただ会衆席で受身で座っているだけでいいのか？優先すべきき課題とは何か？スコットランドの神学者にたが大切な実践的教会形成の書。
A5判　定価[本体2000＋税]円

長老教会の源泉
——信仰をかたちづくる聖書の言葉　ルイス・B・ウィークス　原田浩司訳

聖書によってかたちづくられる信仰の基礎を、長老教学ぶ伝統の中で大切にされてきた十二の聖書箇所から長老教会を長老教会たちらしめるものが何かがわかる。
A5判　定価[本体2000＋税]円

長老職
——改革派の伝統と今日の長老職　ルーカス・フィッシャー　吉岡契典訳

神の言葉のもとで教会を治める働き。今日の世界で直面している課題を示す。各個教会での学びで直の姉妹編『執事実践』的課題にく啓発されることによって改革派教会の伝統とともに今日の『執事職』と併せ読むことができ、違いない。
A5判　定価[本体2000＋税]円

長老制とは何か　増補改訂版
澤正幸

カルヴァンの聖書註解、『キリスト教綱要』、そしてカルヴァン神学の流れにたつ『フランス信仰告白』『ベルギー信仰告白』をとおしてなされた長老制の準拠枠を示す。的な神学研究によって、長老制の原理的基礎
四六判　定価[本体1200＋税]円